¿Quién se robó mi identidad?

¿Quién se robó mi identidad?

Ángel Martínez

Ángel Martínez

Ángel Martínez

¿Quién se robó mi identidad?

Historia basada en hechos reales

¿Quién se robó mi identidad?

Ángel Martínez

AGRADECIMIENTOS

Deseo expresar mi agradecimiento a las personas quienes me han dado su apoyo en momentos de experiencia solitaria y horas de introspección, como lo es para mí el hecho de escribir un libro, cuando nos acompañan el pensamiento que sigue la trama y esa soledad que solo la comprende quien escribe la historia que forma parte de nuestra propia vida.

Hago un recuento y llegan a mi mente los nombres de innumerables amigos y compañeros a quienes deseo dar el reconocimiento que merecen, pero a veces son tantos que, con solo nombrar a cada uno de ellos, llenarían varias páginas, en esta edición me limito a citar solo algunos de los que fueron y serán amigos para la eternidad por una u otra razón:

Aivan Martínez: Mi hijo quien me mostró la importancia del Amor.

Ismail C: Agente Especial "FBI" Un Hombre de Ley.

Marcos F.: Agente Especial "FBI", mi amigo personal.

Bijan Parwaresch: Ex Fiscal de Estados Unidos, hoy Abogado Federal.

Ashley: Me enseñaste el valor de una sonrisa.

Ismael Martínez: Quien se fue a la guerra para vivir y ver el infierno en tiempo real.

Y finalmente a mi incondicional editora Gladys Montes, quien ha hecho posible la materialización de esta obra.

Ángel Martínez

"El tiempo que pasa, es la verdad que huye".

Edmond Locard
Criminalista Francés

INTRODUCCIÓN A LA SEGUNDA EDICIÓN

En un mundo cada vez más interconectado, la identidad personal se ha convertido en uno de los bienes más valiosos y, al mismo tiempo, vulnerables. El libro "¿Quién se robó mi identidad?" demuestra con un caso real ocurrido hace 20 años que este tema sigue siendo relevante y que, con los avances tecnológicos, las complejidades del robo de identidad se han multiplicado. Este delito no solo amenaza nuestra seguridad financiera, sino también nuestra integridad personal.

La primera edición publicada: ¿Quién se ha robado mi identidad?, hace diez años, cuando Facebook comenzaba a cambiar la forma de interactuar con las redes sociales, fue todo un éxito por lo impactante del caso.

Cada día somos testigos de muchos casos de robo de identidad, lo vemos y leemos en medios de comunicación y redes sociales, es por ello por lo que después de todos estos años, sobre todo después de la pandemia en 2020, mi editora y amiga Gladys Montes me ha animado a reeditar la obra y actualizar los datos alarmantes del tema.

Este libro no solo describe con hechos reales cómo los delincuentes pueden apropiarse de nuestra identidad, sino que también proporciona información para protegernos contra este creciente peligro. Al adentrarnos en esta lectura, no solo descubriremos una historia real interesante, sino que también te invita a reflexionar cómo prevenir y combatir este delito en nuestra vida cotidiana.

Cada año millones de usuarios son víctimas del robo de identidad. Con el cambio acelerado hacia la banca digital, es probable que muchos más experimenten alguna forma de robo de identidad en el futuro cercano, si no lo han hecho ya.

El robo de identidad en el mundo digital hoy es muy diferente de lo que era hace una década. Antes, los consumidores sabían que eran víctimas si un acreedor les llamaba preguntando, por ejemplo, sobre un cheque sin fondos. Pero ahora, con el aumento de las violaciones de datos que exponen información personal confidencial y el uso de identidades sintéticas, los consumidores deben ser más proactivos para evitar ser las próximas víctimas.

Con el cambio en los hábitos de consumo tras la pandemia, es esencial que todos entiendan cómo mantenerse a salvo de los estafadores que se aprovechan de una identidad robada para cometer estafas, fraudes y robos.

"¿Quién se robó mi identidad?" es una lectura básica para comprender la importancia de proteger nuestra identidad en un mundo digital en constante evolución.

Deseo que esta obra sea de utilidad y la compartas con tus seres queridos y amigos.

Ten en cuenta que depende de ti cuidarte, y que nunca está de más tomar precauciones.

1

UN GRAN PLAN

Dos hombres salieron de la habitación del modesto hotel ubicado en el centro de la ciudad de Miami, para entrar en la sucursal del banco que estaba a cuatro cuadras de distancia del lugar donde ellos habían preparado la operación; asaltar un banco a plena luz del día. El disfraz era casi perfecto, idéntico a la foto del perfil en Facebook, de donde se habían tomado los datos para crear el criminal que dejaría los rastros. Prepararon una coartada perfecta que les permitiría seguir dentro del crimen organizado, sin que nadie sospechara de ellos.

Para crear las identificaciones y conseguir las tarjetas de crédito preparadas, consiguieron la fecha de nacimiento completa que tenía Dante Antonio Hank, en su perfil de la popular red social Facebook. Con un poco de maquillaje y una peluca del mismo color de su cabello, el asaltante estaba seguro de que las cajeras del banco lo identificarían tan pronto la policía comenzara las indagatorias sobre el caso.

Los asaltantes sabían exactamente que hacer; portaban dos bolsas de plástico fuerte y una vez dentro de la sucursal bancaria, pidieron a dos de las cajeras que echaran en ellas todo el dinero que tenían en su poder; previamente, las cajeras fueron advertidas de que, si cometían el error de hacer algo diferente a lo que ellos pedían, morirían asesinadas con disparos que traspasarían sus cuerpos en fracciones de segundos.

Las dos jóvenes empleadas del Banco, quienes estaban debidamente entrenadas para actuar con naturalidad en estos casos, actuaron de inmediato, siguiendo al pie de la letra las instrucciones de los ladrones, entregándoles la suma de $1,300,000. Dólares, cantidad considerable que llenó por completo las expectativas de los asaltantes.

Los delincuentes salieron del banco cargando su botín, sin preocuparse de que las cámaras lo captaran ya que sabían perfectamente que su disfraz los protegía de cualquier futura persecución, en caso de no ser apresados en el acto.

Cargando las bolsas llenas de dinero, se dirigieron a un automóvil donde esperaba un tercer sujeto listo para iniciar la marcha del auto que mantenía con el motor encendido para salir del estacionamiento. Salieron lentamente, a sabiendas de que la chapa o identificación del automóvil que conducían sería captada por las cámaras que protegían el edificio.

Los intrusos se perdieron de vista cuando escucharon las sirenas de los autos patrulla de la policía, quienes, avisados por el sistema de alarmas del banco, se acercaban a la escena del robo. Las luces de colores y chalecos antibalas se hicieron presentes; el área de la escena fue sellada para ser manejada por los expertos del FBI.

Los ladrones dejaron el auto abandonado, se cambiaron de ropa, tomaron otro automóvil y desaparecieron sin dejar el más mínimo rastro sobre quienes eran verdaderamente. Faltaba únicamente completar lo que sería la gran evidencia. Los hombres se estacionaron próximos al otro banco ubicado a unos veinte kilómetros de distancia de donde se efectuó el asalto, se despidieron del hombre que serviría de señuelo para que el mismo pudiera continuar con su siguiente movida.

Sacó un fajo de billetes que tenía preparado con $4.000.00 dólares, entró al banco con el mismo disfraz usado en el asalto cometido minutos antes y depositó el dinero en una cuenta que luego asociarían con la matrícula del auto que habían dejado abandonado. Terminada esta transacción, se dirigió a una sucursal de Western Unión, para acreditar la suma de $3,000.00 dólares a una tarjeta prepagada.   Miró fijamente la cámara, dejando que ésta lo tomara de cuerpo entero, una vez más, estaba facilitando el trabajo a los agentes del FBI. Después de completada esta actividad, el ladrón desapareció dejando suficientes pruebas para nunca ser atrapado y que su robo se convirtiera en un crimen perfecto.

"Los criminales en vida real también lo serán en internet, donde la policía necesita ser un poco más sofisticada. El crimen online es sólo parte de la maduración del medio.".

Bill Gates

2

ES UNA CONSPIRACIÓN

Comenzaba a conciliar el sueño debido al cansancio; me sentía agotado por la actividad excesiva del día anterior. Eran las 2:00 de la madrugada cuando el teléfono situado en la mesita de noche, en el lado derecho de mi cama, comenzó a sonar. Pensé que estaba soñando, pero cuando me desperté por completo, me di cuenta de que alguien requería mis servicios o de que algún bromista se había pasado de tragos y quería terminar su noche con una conversación con el detective privado "yo", que seguro estaría durmiendo.

Tomé el teléfono para ver de qué se trataba e intentar dormir nuevamente; necesitaba algunas horas de sueño para recobrar las fuerzas necesarias para que mi frágil cuerpo, al día siguiente, como de costumbre, pudiera levantarse e involucrarse en algunas actividades que requerían mi atención personalmente.

-Hello

- ¿Quién habla?

- ¿A quién llamó usted?

-Estoy interesado en hablar con el detective privado o con el escritor que es la misma persona.

- ¿Quién lo llama?

-Mi nombre es Dante Hank.

-Ángel Martínez, en qué le puedo servir.

-Sé que esta hora no es la más apropiada para llamarlo, pero necesito que me comprenda, mi único hijo está preso sin posibilidad alguna de salir libre.

- ¿Qué le pasó a su hijo?

-La historia es larga amigo.

- ¿Quién le dio mi número de teléfono?

-En estos momentos estoy terminando de leer uno de sus libros y estoy plenamente convencido que usted es el hombre que necesito.

- ¿Este asunto podría esperar hasta mañana?

-Lo siento, señor Martínez, no puedo dormir; se trata de mi hijo.

-De acuerdo, dormiré en otro momento, permítame levantarme; espere un momento por favor.

-De acuerdo, me quedaré en línea hasta que regrese al teléfono.

Situación como ésta se presenta a diario en la vida de un detective privado; no tenemos un horario que nos permita llevar un estilo de vida normal como el de cualquier ciudadano común.

El deber me llamaba y tenía que olvidar que mi cuerpo me pedía a gritos que lo dejara descansar por unas horas más. Salí de la cama y en compañía de mi fiel amigo Spike, "mi perro", fuimos en dirección a la cocina para poner en marcha una vieja cafetera eléctrica que lo hacía todo, cuando casi tenía el café preparado dije:

-Señor Dante

-Si.

- ¿Qué libro está leyendo?

-Termine de leer Operación Anzuelo.

-Esa fue una extraordinaria aventura.

-Usted es como imaginé.

- ¿Cómo cree que soy?

-Si alguien me llama a las 2:00 de la mañana, cuando estoy tratando de dormir, después de un día agotador, como estoy seguro ha tenido, lo envió directo al demonio, sin embargo, usted, me está tratando como si fuéramos amigos de hace muchos años; se ha tomado el tiempo para hablar con este viejo desesperado que no puede dormir.

-No se confíe que detrás de mi amable atención hay un signo de dólar, ja, ja, ja.

-Cuando me tratan bien me gusta pagar el costo sin importar la cantidad.

-Creo que nos entenderemos con toda seguridad.

- Ja, ja, ja, usted tiene sentido del humor.

-Eso es el destino, Señor Dante.

- ¡No creo en esa mierda!

-Nada ocurre por casualidad en esta vida; creo que todo lo que pasa, tiene una razón de ser.

-Usted es un hombre con muchas vivencias, por algo habrá de decirlo, pero yo, solo creo en lo que veo.

-Ahora quiero que me cuente lo que pasa con su hijo, no quiero aburrirlo con mis creencias.

-Mi muchacho tiene casi el mismo nombre que yo, la diferencia es   que él se llama Dante Antonio Hank.

-Quiero que comience diciéndome en que cárcel los tienen.

-Está en el Federal Detención Center, en Miami.

- ¿De qué lo acusan?

-De robar a un banco.

- ¿Robo a varios bancos o a uno en particular?

-Lo acusan de robar una de las sucursales del Bank of América.

- ¿Ha hablado con su hijo?

-Sí, el problema es que mi hijo le puede mentir a todos, pero le aseguro que a su padre jamás le mentiría.

-Esto me hace pensar que su hijo le asegura que es inocente.

-Sí, quiero contratarlo para que descubra quien o quienes son los reales culpables de ese robo.

- ¿Usted tiene un abogado en este caso?

-No

-Lo que quiere decir es que la corte le asigno uno público.

-Correcto

-Necesito los datos generales de su hijo y por favor hágame un recuento de lo que pasó; luego veré qué dicen los federales en el reporte de la acusación.

Este fue el comienzo de la investigación de un caso donde solo el padre de la víctima tenía esperanzas, pues confiaba plenamente en la versión que le dio su hijo, sobre quien pesaba una terrible acusación. Todas las evidencias que había en el reporte de su arresto lo condenaban.

Teniendo por experiencia que las personas detenidas, en el 99.9% de los casos, dicen ser inocentes, y es una garantía de la ley:

"Toda persona es inocente hasta que se demuestre su culpabilidad".

"Al universo no le gustan los secretos. Conspira para revelar la verdad. Que eso sea tu guía".

Lisa Unger

3

EL TERCER OJO

El 7 de agosto del año 2009, viernes a las 9:00 de la mañana, las cámaras de una sucursal del Bank of América, registraron fotos de dos hombres parados frente a las cajeras 4 y 5, pasándole una nota que anunciaba un asalto y exigiendo que le entregaran todo el dinero que tenían en sus cajas. Las fotos mostraban a un joven vestido con camisa roja, que protegía su rostro con unos lentes, era muy parecido al hijo del señor Dante Hank. Cuando los ladrones salieron del banco con el botín, las cámaras del estacionamiento captaron un auto Ford Taurus, color rojo, chapa de identificación número XT6-93N que después de ser encontrado abandonado en un parque cerca de la sucursal bancaria que fue asaltada, se comprobó que el mismo era propiedad del joven Dante Antonio Hank.

Dentro del automóvil se encontró una foto del dueño vistiendo la camisa que usaba cuando se cometió el robo, dicha foto había sido tomada frente a la casa ubicada en la dirección donde llegaban los estados de cuentas de una tarjeta Visa, prepagada, a la que media hora después del robo se le deposito $3.000.00 dólares y los estados de una cuenta corriente a nombre del acusado, en la cual, 45 minutos después del robo se depositaron $4.000.00 dólares. Las imágenes captadas por las cámaras del banco donde se hizo el depósito coincidían con la persona que realizó el robo en la caja 4 del Bank of América, que había sido identificado como Dante Antonio Hank.

Con estas evidencias los federales tenían el caso resuelto; el joven Hank, había sido declarado culpable del robo junto a dos cómplices todavía desconocidos.

Como en ocasiones anteriores, había visto al diablo convertido en Dios, le dije a aquel desesperado padre.

-Visitaré su hijo en la cárcel.

- ¿Tomará mi caso?

-Después que lo visite hablamos.

Sabiendo que el FBI cuenta con todos los recursos del gobierno de los Estados Unidos, tenía que encontrar pistas que me convencieran de que valía la pena iniciar una contra investigación de esta naturaleza. Tenía que estar seguro de que podíamos probar que el acusado era inocente de los cargos que se le imputaban para no hacerle perder el tiempo y las esperanzas que tenía el padre de este joven.

Inmediatamente conseguí todos los reportes que el FBI tenía sobre el caso, me dirigí al centro de la ciudad donde está la Cárcel Federal de Miami Florida en Estados Unidos.

Después de completar toda la documentación que se nos requiere a los investigadores privados cuando visitamos un detenido dentro de una cárcel federal en los Estados Unidos, solicité que me dejaran pasar para entrevistar el hijo del señor Hank.

En este caso había dos cosas que sopesar:

a) El padre que estaba convencido sobre la inocencia de su hijo.

b) El acusado tenía que decir que era inocente como hace la gran mayoría de las personas cuando son arrestadas.

Con la moral en el piso, debido a los hechos documentados en el expediente acusatorio del FBI, entré al recinto carcelario para hablar con el hijo del señor Hank.

Me senté en uno de los cuartos con paredes de cristal donde los abogados y los detectives entrevistan a los acusados. Mientras esperaba, pensaba en aquellos jóvenes cuyas vidas se ha paralizado al estar privados de su libertad en un país donde existe la mayor población carcelaria del mundo, la cual es de unos 8.3 millones de personas, contando los que están bajo probatoria, "con grilletes electrónicos" para ser monitoreados en sus casas o en lugares de trabajo. Los políticos de Estados Unidos son tan descarados que aun con este bochorno de ser los consumidores de drogas número uno del mundo, ellos son los que certifican a quien está haciendo bien el trabajo de combatir el crimen organizado, pero yo me pregunto ¿quién certifica a Estados Unidos?

Dejaremos la política para otro libro, ahora seguiremos con la historia del joven arrestado. El hijo de mi cliente apareció por la puerta que comunica al pasillo principal de la cárcel, después de haber sido sometido a una revisión de rutina, que consiste en bajarle los pantalones para introducirle un dedo en el ano en algunas revisiones; esta revisión la hacen a los reos cada vez que salen o entran en sus celdas, para evitar con esto que saquen o entren algún objeto dentro de su cuerpo. Algunos presos prefieren que no lo visiten para no someterse a esas incomodas revisiones anales.

Cuando el jovencito entró al cuarto donde me encontraba, me llamó la atención la fragilidad de su cuerpo.

-Mi nombre es Ángel Martínez, soy detective privado, su padre, el señor Dante Hank, quiere que le dé un vistazo a las evidencias que tiene el FBI en tu contra.

-Muchas gracias por venir.

-Trataremos de ver que está pasando con tu caso.

-No sé de dónde sale todo este enredo, le aseguro señor Martínez, que esto es una gran conspiración.

-Por eso vine a visitarlo, haremos un análisis para ver si vale la pena iniciar una contra investigación sobre su caso.

- ¿Por dónde comenzamos?

Tenía al joven donde lo quería, interesado por mi trabajo; esto es lo primero que hace un buen investigador cuando visita el prospecto por primera vez.

Las personas que están presas a veces se ofuscan, se bloquean y se niegan a aceptar lo que pasó y gritan a los cuatro vientos que son inocentes.

En mi larga trayectoria como investigador he tenido experiencias con clientes que en mi presencia ven un v i d e o o fotos donde e l l o s aparecen y niegan categóricamente que esos sean ellos.

Saqué una libreta de mi portafolio para hacer los apuntes que luego analizaría con mi joven prospecto, quien se mostró desesperado cuando vio mis movimientos pausados, como cualquiera fiera enjaulada, me atacó con la siguiente pregunta:

- ¿Señor Martínez, usted cree en mi inocencia?

-Tranquilo Dante Antonio, toma esto con calma, al fin de cuentas, por el momento no tienes a donde ir.

-No me contestó mi pregunta, señor Martínez.

-Los documentos del arresto dicen que eres culpable; estoy aquí para hacer un análisis y ver si existen indicios de que esto sea una conspiración.

-Todavía no contesta lo que pregunté.

-Para responder a tu pregunta te diré lo siguiente: Si me llevo de lo que he visto, eres culpable; ahora bien, quiero oír tu versión de la historia para compararla con los datos que tengo y entonces hablamos.

-De acuerdo.

-Muy bien, es muy importante que nos entendamos.

El joven quería medir mi capacidad y ver si era un verdadero profesional de la investigación o si solo quería el dinero de su padre. No le dije lo que quería escuchar y me limité a ver las evidencias que había conseguido.

Se había abierto el canal de comunicación y nos entendíamos

fácilmente; él se dio cuenta de que, si no encontraba un camino por donde transitar, me retiraría de la investigación sin hacerle perder tiempo, ni dinero de su padre.

Seguí con mi interrogatorio:

-Hablemos de cómo inicias tus actividades en un día cualquiera.

-Estoy estudiando finanzas en el "FIU", (Florida International University)

- ¿Cuáles son los días y horas de tus clases?

-Me levanto de lunes a viernes a la 5:00 de la mañana, salgo para la Universidad a eso de las 7:00 de la mañana y tomo mi primera clase a las 8:00 cada mañana. Solo tengo libres los sábados y domingos.

- ¿A qué hora regresas a tu casa?

-Paso todo el día en el recinto universitario, salgo a las 5:00 de la tarde y cuando llego a mi casa, me doy un baño, como algo y repaso cualquier tarea que tenga pendiente.

- ¿Hace la misma rutina todas las semanas?

-Sí

- ¿Tienes novia?

-Conocí a una joven por Facebook, pero nada en serio.

-Hablemos de las evidencias

-Dicen que fuiste al Banco a las 9:00 de la mañana a cometer un atraco y que luego fuiste a otro banco a depositar $4.000.00 mil dólares en tu cuenta corriente.

-Jamás salí de la Universidad.

- ¿Tienes a alguien que pueda testificar que estuvo contigo entre las 9:00 y las 10:00 de la mañana?

-Estuve leyendo en el patio de la Universidad durante unas dos horas sobre un tema que tenía que presentar al medio día.

- ¿No tienes una coartada?

-No señor.

Hasta el momento no había encontrado nada que me indicara que mi posible cliente no fuera quien realizo el robo al Banco.

-Hablemos de tu auto, el Ford Taurus, rojo.

-Estoy muy confundido, no entiendo cómo es posible que mi automóvil apareciera abandonado en un parque.

- ¿Dónde lo estacionaste cuando llegaste a la Universidad?

-Me detuve un momento para hablar con el guardia de la entrada al recinto universitario, eran las 8:00 de la mañana, él dice que como a las 8:30 de esa mañana salí nuevamente por su puerta conduciendo mi auto. Eso no puede ser cierto, Señor Martínez, hu,hu,hu.

-Tranquilo amigo, no es momento para llorar; si eres inocente lo averiguaré, para eso estoy aquí.

-Perdón, señor, es que me siento impotente; soy inocente y todas las evidencias me acusan. ¡No lo puedo resistir!

-¿Me puedes jurar que quien conducía tu auto a las 8:30 de la mañana, no eras tú?

-Se lo juro por Dios, señor Martínez.

-¿Cuántas llaves tiene tu auto?

-Dos.

-¿Dónde dejaste la otra llave?

-Mi padre la guarda en su caja de seguridad.

-¿Es posible que alguien haya tomado esa llave?

-¡Imposible!, la llave está en la caja fuerte y mi padre es la única persona que tiene la combinación.

-¿Sabías que tu auto apareció sin ningún daño? Es por eso por lo que creemos que quien lo manejó tenía una llave.

-Eso no es posible señor.

-¿Qué tiempo tienes con ese auto?

-Mi padre lo compró hace unos tres meses.

El joven no me daba pista alguna, mientras más profundizaba en mi interrogatorio, más culpable parecía.

-Esto es muy importante

-Diga.

-Trata de hacer un recuento desde el día que tu padre te entregó el auto hasta el día del robo; es muy importante que recuerdes cada momento que esté relacionado con tu automóvil.

-La primera semana le teñí los cristales.

-¿Qué paso luego?

-No recuerdo nada importante.

-¿Alguna vez le prestaste el auto a algún amigo, a un familiar o tu novia?

-Sí.

-¿A quién se lo prestaste?

-Recuerdo que un vecino me lo pidió prestado para ir al supermercado ya que la grúa se había llevado el suyo porque estaba descompuesto.

-¿Cómo se llama ese hombre?

-Mi padre lo llama Diego.

-¿Cuándo pasó eso?

-Hace unas tres semanas.

-¿Qué día de la semana era cuando le prestaste el auto al señor Diego?

-Un sábado por la mañana, vimos que una grúa estaba cargando su vehículo; él se acercó dónde estaba con mi padre para preguntar si podíamos prestarle mi auto por quince minutos para ir al supermercado.

-¿Qué tiempo lleva ese hombre siendo tu vecino?

-Se mudó a esa casa hace cuatro meses aproximadamente.

-¿Tu padre tiene auto?

-Si.

-¿Cuándo Diego, hizo su solicitud, estaban los dos automóviles estacionados en el frente de tu casa?

-Si.

-¿Recuerdas exactamente sus palabras?

-El Señor Diego dijo: ¿Señor Hank, puede prestarme el auto de su hijo por unos 15 minutos para ir al supermercado que está a 5 cuadras de aquí?, tengo que comprar algo de comida.

-¿Qué contesto tu padre?

-Con mucho gusto. Acto seguido le dimos la llave.

-¿Que pasó luego?

-Media hora después el señor Diego, nos trajo una botella de vino como regalo de agradecimiento.

¡Por fin había encontrado una pista interesante! Ya podía comenzar a indagar sobre cosas anormales, pues hasta el momento me había sentido acorralado sin saber por dónde meterme en la jugada. La conspiración, si era que había alguna, estaba cubriendo todos los puntos por donde un investigador podía entrar.

-Háblame de tu novia, ¿cómo la conociste?

-A través de Facebook.

-¿Quién invito a quién?

-No soy muy sociable, pero un día entré a mi página y encontré la invitación de una hermosa mujer.

-¿Qué pasó luego?

-La acepte como amiga.

-¿Cuál es su nombre?

-Se llama Carmen.

-¿Hubo algún encuentro?

-Nos escribimos hasta que un día decidimos conocernos.

-¿Cuándo fue la primera vez que te encontraste con esa mujer?

-Hace cinco meses aproximadamente.

-¿Dónde se encontraron?

-Señor Martínez, creo que usted se está desviando de lo que verdaderamente importa.

-No lo creo.

-¿Qué tiene que ver mi vida privada con la acusación de robo que me están haciendo?

-Déjame decirte algo jovencito, con lo único que cuentas es con tu padre quien cree en ti sin importar lo que digan o lo que aparezca en tu contra; él quiere contratarme y estoy tratando de encontrar una aguja en un pajar. Te daré un consejo, en estos momentos estás a la puerta del infierno y tienes frente a ti la única persona que te puede ayudar.

-No quiero que se enoje, pero pienso que Carmen nada tiene que ver en esto.

-Pues piensas mal, aquí todo es importante y si quieres mi ayuda tendrás que confiar en mi experiencia o de lo contrario me veré obligado a dejar tu caso.

Tenía que ponerlo en su lugar pues noté que se estaba comportando como los presos; ellos creen que se las saben todas, se creen muy inteligentes, pero en ocasiones hablan sin sentido.

-Continuemos señor Martínez.

-¿En qué lugar conociste a Carmen?

-Fui a visitarla a su casa.

-¿Qué pasó?

-Carmen, estaba muy emocionada.

-¿Quién te abrió la puerta de su casa?

-Ella misma.

-¿Vive sola?

-Si.

-¿Cuál es su apellido?

-No lo recuerdo, pero me lo dijo.

-¿Qué paso cuando ella abrió la puerta?

-Salió y me dio un abrazo.

-¿Te besó?

-No en ese momento.

-¿Ella estuvo tímida o expresiva?

-Dijo que ese momento era maravilloso y que había que detenerlo.

-¿Cómo detenerlo?

-Salió con una cámara para que nos tomáramos una foto.

-¿Tomó la foto?

-Un hombre pasaba por el lugar y Carmen le pidió el favor de que nos tomara la foto.

-¿Las tomó?

-Sí, salimos sonrientes.

-¿Cómo estaban vestidos?

-Ella tenía un vestido color amarillo por encima de las rodillas, se veía divina.

-¿Tu, que ropa tenías puesta?

-Una camisa roja y unos jeans.

-¿Cuántas fotos se tomaron?

-Solo una.

-¿Aparecen los dos en esa foto?

-Si.

-¿Por qué apareció esta foto en tu auto?

Busqué el expediente que tenía a mi lado junto a mi maletín y saqué una copia de la foto que le fue tomada al jovencito el mismo día del encuentro con la encantadora Carmen, sin que él se diera cuenta. Lucia sonriente frente a la dirección que luego él me confirmó era la de su novia.

-¿Esa foto, de dónde salió?

-¿Eres tú?

-Sí, y esa es la casa de ella.

-Dímelo tú, porque esa fotografía estaba en tu auto, el FBI la tiene como evidencia.

-No recuerdo cuando me tomé esa foto.

-Si te das cuenta, esta fotografía fue tomada por una tercera persona ya que en ella sale un lado del cuerpo de tu encantadora dama.

-Le dije que ella le pidió el favor a un desconocido.

-No me creo ese cuento.

-Quiere decirme que ella estaba compuesta con alguien.

-¡Eso te lo aseguro amigo!

-Cada momento que pasa esto se complica más, no estoy convencido

-¿Por qué tenías tarjeta de crédito Visa, prepagada?

-No tengo tarjetas señor Martínez.

-A esa dirección llegan los estados de cuenta de esa tarjeta.

-¡Eso no es posible!

-Una media hora después del robo, tú depositaste $3,000.00 mil dólares en esa tarjeta prepagada.

-Eso no es cierto.

-¿Ahora te das cuenta porque me interesa tu vida privada?

-¿Quiere decirme que esa mujer es cómplice de esta conspiración?

-Tienes que darte cuenta de que, si es una conspiración, los que quieren que aparezcas como el culpable, harán todo cuidadosamente para que las investigaciones no lleguen hasta ellos. Esa maldita mujer tiene que estar metida en esto.

-No hable así de una mujer.

-¿Es que no te das cuenta?, la mujer llamada Carmen, es parte de todo este problema.

-Entiendo, ahora si estoy abriendo los ojos.

-¿Tuvieron sexo?

-¡Señor Martínez!

-¿Te acostaste con ella, sí o no?

-Usted está hablando como pandillero.

-¡Contesta la maldita pregunta!

-¡Sí, tuvimos sexo varias veces!

-¿Notaste algo que te llamara la atención en ella?

-No entiendo.

-Viste algo sospechoso en ella, como una marca un tatuaje, le falta un dedo de los pies, algo que puedas tomar como referencia.

-Sus tres ojos.

-Ahora sí que me dejaste preocupado.

-Es que tenía un tatuaje en su espalda, era un ojo grande perfectamente elaborado; era igual a sus ojos.

Por unos segundos me quedé pensando en lo que había dicho el joven. Trataba de recordar dónde había visto una mujer con un tatuaje de un ojo pintado en su espalda. Eso era algo único y tenía que acordarme.

-¿Le comieron la lengua los ratones, señor Martínez?

-¿Por qué dices eso?

-Es que cuando hable del tatuaje de la puta esa, usted se quedó mudo.

-¿Alguna vez fuiste infectado con gonorrea?

-¿Porque diablos me pregunta eso?

-Solo quiero comprobar si conozco esa mujer

-¿Conoce a esa desgraciada?

-¿Después de tener sexo con esa mujer, descubriste algo extraño en tu pene?

-¡Me voy a volver loco!

-Es importante que me digas la verdad, no te guardes cosas pequeñas que podrían ser de vital importancia en este caso.

-Nunca había tenido tan buen sexo como aquella noche, cuando nos acostamos por primera vez.

-¿Te pidió que le penetraras por el ano?

-¡Dios santo!

-Es que creo saber quién es esa mujer

-Tres días después que tuvimos relaciones, mi pene comenzó a oler mal y a botar pus, por el orificio, era algo asqueroso.

-¿La llegaste a penetrar por el ano, sí o no?

-Sí

-¡Mierda!

-¿Qué le pasa?

-Un momento, haz silencio por un momento, déjame pensar.

Qué pequeño es el mundo, ahora estaba totalmente seguro de saber quién era esa mujer. Hace tres años, había sido parte en una de mis investigaciones privadas. Ella fue el objetivo principal cuando el empresario Silvio Reynoso, pidió al bufete de abogados para el que trabajo, una investigación sobre su esposa.

Noté que el joven Hank, estaba sorprendido, asustado y confundido, entonces decidí cambiar mi actitud y terminar aquella entrevista.

-Haremos una cosa.

-¿Qué?

-Debo hacer algunas investigaciones antes de decidir si tomo el trabajo.

-No sé qué cosas usted ha visto en este caso, pero puede estar seguro de que soy inocente.

-No te preocupes, el tiempo cura y descubre todo.

-Señor Martínez, tome mi caso por favor, soy una víctima.

Me despedí del angustiado jovencito con la promesa de volverlo a ver; había sido un día agotador, seguía analizando en mi mente cada una de las evidencias que tenía el FBI, contra Dante Antonio, quien, según mis deducciones, era víctima de una terrible conspiración.

Por el momento, solo tenía fragmentos de posibles pistas que habían dejado los verdaderos criminales.

Tenía que pasar por la casa del señor Dante Hank, para actualizarle sobre el proceso; había decidido tomar el caso porque ahora sí tenía fuertes dudas sobre la culpabilidad del joven Hank, y eso me animaba a iniciar una contra investigación del caso. Me despedí del jovencito dejándolo con una mente atormentada, casi al borde de la locura.

Al día siguiente, pasé por la residencia donde supuestamente vivía la joven llamada Carmen, pero descubrí que la casa estaba vacía; allí no había ni un rastro de ella.

De inmediato salí en dirección al encuentro con el señor Hank, para que me firmara el contrato que me permitiría seguir adelante en la investigación del asalto al banco.

Toqué la puerta en la casa del padre de mi futuro cliente y me abrió de inmediato, pues estaba esperando mi visita; allí iniciamos la conversación:

-Señor Martínez, hace unas horas, mi hijo me informó que ayer, usted pasó casi todo el día en la cárcel, haciéndole la visita.

-Sí, estuvimos analizando las evidencias del caso.

-¿Tomará la Investigación?

-Sí.

-Eso me quita un gran peso de encima señor Martínez.

-Tomare la investigación con una condición.

-Como usted diga.

-Si no aceptan mis condiciones renuncio de inmediato.

-Se hará lo que usted diga.

-No pueden filtrar ninguna información que obtengamos, compartir o analizar el caso con otra persona es una violación al contrato que firmaremos.

-De acuerdo.

-Le advierto que no debe tomar la ley en sus manos.

-Ahora debo hacerle algunas preguntas.

-Adelante, ¿qué desea saber?

-¿Quién es Diego?

-¿Qué pasa con mi vecino?

-Hábleme de él.

-Solo sé que vive en la casa del frente por unos cuatro o cinco meses.

-¿Tiene el teléfono de su vecino?

-No.

Lo quería todo en ese sentido, creía que podía haber alguna conexión con el vecino llamado Diego y la mujer que encontró su hijo en red social Facebook.

-¿Usted sospecha de ese hombre?

-¿De qué hombre habla?

-Mi vecino llamado Diego

-Tengo una corazonada.

-Hace unos días que no lo veo.

-Espéreme aquí, permítame verificar algo.

Salí por la puerta del frente para ir a echar un vistazo a la casa del vecino. Toqué la puerta insistentemente, pero no obtuve respuesta; fui por la parte trasera y me di cuenta de que la misma estaba deshabitada. Los muebles en la sala lucían viejos, como de segunda mano; era evidente que allí no había vivido nadie por un tiempo.

Volví sobre mis pasos y entré nuevamente a la casa del señor Hank, quien me esperaba muy angustiado; en su rostro tenía las señales del pánico.

-¿Qué está pasando señor Martínez?

-Definitivamente quiero tomar su caso.

-¿Sospecha algo del vecino Diego?

-Sí, supongo que alguien preparó una conspiración en contra de su hijo, utilizando su información personal.

-No entiendo nada de lo que dice.

-¿Usted sabía que su hijo mantenía relación con una joven?

-Una vez me habló de una tal Carmen.

-Antes de llegar hasta aquí, pasé por la dirección donde supuestamente vivía, pero allí no hay rastros de ella.

-¡Dios mío!, ¿qué es lo que está pasando?

-Creo conocer esa mujer.

-¡No puede ser!

-Este mundo es una cajita de sorpresa amigo.

La Investigación estaba tomando forma; empezaba a armar el rompecabezas. Ahora tendría que iniciar la difícil tarea de discutir o hacer cambiar un dictamen de culpabilidad en el cual había muchas evidencias de primera línea dejadas por los criminales que cometieron el asalto al banco.

Inmediatamente cerré el contrato con el señor Dante Hank, llamé al dueño de la casa donde vivía el tal Diego, con la excusa de ver si la alquilaba, pero me contestó que la ocupada un inquilino que estaba de viaje y que le había pagado un año de renta por adelantado.

Comenzaba a entender que este caso aparentemente sencillo, podría convertirse en uno de los más interesantes que había tenido.

Este asunto se tornaba peligroso; ahora tenía que poner en práctica todos mis conocimientos porque aquí se ventilaba la mente poderosa de un criminal, capaz de cometer un crimen perfecto, dejando una cadena de evidencias que apuntaban directamente a un inofensivo joven de clase media, hijo de un hombre que no se conformó con el FBI o con lo que mostraban las evidencias conseguidas por los federales.

Aunque en la mayoría de los casos las personas apresadas dicen ser inocentes, existen algunos que pasan gran parte de sus vidas encerrados en una celda sin ser culpables, por el simple hecho de no encontrar a alguien que les crea o hagas lo que hay que hacer en casos como estos.

Había que descubrir quiénes eran en realidad las dos personas que completaban el círculo de la conspiración: Diego y Carmen. No había rastros de ellos, tenía que entrar a las casas que una vez habitaron para ver si conseguía alguna pista que me llevara a ellos.

Decidí esperar por el cómplice número uno del investigador: la caída del sol. Cuando comenzaba a oscurecer, pasé por el frente de la residencia de mi cliente, buscando detectar algún movimiento fuera de lugar por los alrededores de la casa donde vivía el tal Diego.

En ese momento detecté algo fuera de lo normal; una potente cámara de vigilancia cubría todo el frente de la casa del señor Hank, enfocando directamente el frente de la residencia del sospechoso Diego. Llame a mi cliente por teléfono desde una esquina próxima a su casa.

-Señor Hank, he visto que colocó una cámara frente a su casa.

-Uno nunca sabe, hay que poner seguridad, mire lo que está pasando con mi hijo, no quiero que me tomen desprevenido nuevamente.

-Creo que fui muy claro con usted.

-¿Qué quiere decir?

-La investigación de este caso la hago yo, para eso me contrató.

-No estoy haciendo nada que interrumpa su trabajo.

-El objetivo de su cámara es vigilar la casa de Diego; por favor no quiero que me mientas, si comenzamos con mentiras no podré seguir investigando.

-Entienda Señor Martínez, es mi hijo el que está preso, acusado de robar un banco.

-Lo entiendo, permitiré su vigilancia con una condición.

-¿Cuál?

-Si ve algún movimiento en esa propiedad, antes de hacer cualquier cosa, debe llamarme para yo decidir qué es lo mejor.

-Trato hecho.

-Ahora voy a ser lo suficientemente claro con usted; si hace algún movimiento relacionado a mi investigación sin consultármelo, me retiro del caso sin contemplaciones.

Quería dejar clara mi posición ante el señor Dante Hank, puesto que, en casos anteriores, he visto clientes desesperados meterse en las escenas de la investigación, llegando a interrumpir el curso de la misma.

Esperé el momento apropiado para entrar en la residencia deshabitada que había ocupado el desaparecido Diego. Eran las 11:00 de la noche. Cuando salí de mi auto, el cual estacioné a una distancia prudente.

Vestía un traje negro y el chaleco antibalas por si algún vecino me confundía con un ladrón y se le ocurría dispararme con algún tipo de arma mortal. Llevaba puestos unos tenis por sí tenía que correr, cuerdas dentro de una mochila que usamos algunos investigadores en la cual llevamos equipos que en un momento dado nos pueden facilitar el trabajo.

Tenía que ocultarme para entrar, pero noté que había una luz encendida en el frente de la casa. La bombilla era de unos 100 voltios, iluminaba toda el área. Pase frente a la casa por un momento para reconocer el perímetro donde atacaría "hacer esto es recomendable en este tipo de trabajo" después de mi inspección, procedí con el ataque.

Saqué una pequeña pistola de perdigones, apunté la luz y solo se escuchó un clic. El estruendo de los vidrios no me delató porque estos cayeron sobre el césped; solo se escuchó el sonido del impacto del perdigón cuando rompía el cristal de la bombilla. Salí de esa área por unos treinta minutos y me ubiqué en un lugar desde donde podría ver cualquier movimiento que se efectuara dentro de mi objetivo. Todo lucía tranquilo, ahora seguiría adelante.

Llegué hasta la puerta de entrada y me oculté tras una frondosa planta del descuidado jardín frontal; la cerradura era de gran tamaño y soportes gruesos, tendría que buscar otra parte de la casa por donde fuera más fácil entrar. En ese momento noté que el buzón estaba repleto de folletos publicitarios; esto era otra muestra de que los habitantes de la casa estaban ausentes.

Di la vuelta para internarme en la parte trasera de la propiedad; la puerta trasera que daba a la cocina era de cristal corredizo.

Saqué un escáner de mi mochila y lo encendí para ver si la casa estaba protegida con algún sistema de alarma, pues de ser así, tenía que apagar el panel de la caja de seguridad o de lo contrario, no podría entrar. El escáner inmediatamente detectó un sistema de cámaras y alarma manejado a distancia, esto era otro claro indicador de que me encontraba frente a una persona que cuidaba cada uno de sus movimientos, por lo tanto, yo también tenía que andar con mucho cuidado.

Programé el aparato para desactivar la alarma, después de abrir la puerta que me permitiría entrar a la casa que allanaría en búsqueda de información que me llevara a identificar al hombre llamado Diego.

Tenía que decidir si salir corriendo o quedarme dentro de la casa cuando forzara la entrada trasera; me coloque una capucha en la cabeza cubriéndome totalmente el rostro. Solo mis ojos quedaban al descubierto, mi atuendo me hacía lucir como un tubo negro; ahora ya estaba listo, comenzaría a forzar la puerta con un martillo especial hecho para esos fines.

Introduje la herramienta por el borde pegado a la pared; rompí la cerradura en la puerta de cristal, la cual cedió rápidamente. En seguida inicié una carrera de segundos; pasé por el centro de la sala a la velocidad del rayo y en un abrir y cerrar de ojos, me encontraba frente al panel de la alarma que sonaba con el pito de los primeros dos minutos.

El equipo que coloqué comenzó a copiar los números en la pantalla, los cuales digité de inmediato para silenciar el aparato detector, que, al apagar sus luces, permitió que mis nervios se calmaran; en ese instante, el video fue desactivado por la cuadriculación del escáner.

Estaba dentro de la casa a oscuras; aun así, inspeccionaba toda el área. Cuando recorría la gran sala noté que únicamente había unos muebles que ya había visto en mi inspección anterior cuando me acerque a la vivienda el primer día que visite al señor Dante Hank.

Mi pequeña linterna hacia su trabajo alumbraba cada centímetro de la sala, buscando evidencias que me llevaran al sospechoso.

La casa estaba casi vacía, además de los muebles en la sala; en la cocina solo un refrigerador donde encontré un contenedor de leche con fecha de vencimiento de un mes atrás; otra razón para pensar que el señor Diego, había salido de esa casa hacía unos 30 días. En las dos habitaciones solo había un colchón sin los hierros necesarios para armar la cama; se notaba que éste era un lugar transitorio.

Aunque no encontré nada que pudiera ayudarme a identificar al sospechoso, estaba listo para marcharme, pero de repente, un suave ruido llamó mi atención. Descubrí que alguien intentaba abrir la puerta frontal, pero al igual que a mí, le fue imposible lograr su objetivo; sentí cuando se dirigía hacia el patio trasero, de seguro estaba buscando una entrada más fácil. Mi estómago ardía y aunque era una noche de frío invierno, el sudor corría por mi cuerpo. Jamás recomendaría a mis estudiantes de investigación meterse a una propiedad privada, pero si te quedas sentado esperando que llueva jamás verás la lluvia caer como dice el cuento callejero.

El sujeto empujó la puerta que yo había forzado; ésta abrió sin problemas, pues la había dejado entreabierta por si tenía que salir corriendo en cualquier momento. Me coloqué la máscara nuevamente y me oculté detrás de una de las columnas que dividía la sala de la cocina, el intruso seguía avanzando con una aterradora arma de fuego en su mano derecha.

Me encontraba en una situación muy delicada, no podía titubear, tenía que tomar una decisión por arriesgada que ésta fuera; había que salir airoso de aquel difícil momento. La silueta seguía avanzando dentro de la casa a oscuras, cuando la tenía cerca, extendí mi brazo y coloqué mi pequeña pistola en su frente.

-¡Si hace un movimiento en falso serás comida para gusanos!

El tiempo se detuvo, el sudor seguía corriendo por mi cuerpo deslizándose por el medio de mis dos piernas, por un momento creí que me había orinado del susto. El individuo se paralizó; mi alma regresó al cuerpo cuando la sombra dijo:

-Ahora estoy en serios problemas con usted señor Martínez.

-¿Qué mierda hace aquí señor Hank?

-Es una larga historia.

-Es mejor que hablemos fuera de aquí.

Le arrebaté el revólver que portaba y lo guardé en mi mochila; lo empujé hacia la puerta de salida en la cocina, la que aún permanecía abierta.

La noche era oscura, solo se veían algunas estrellas que iluminaban el firmamento con su espectacular esplendor, pero aquella luz no era suficiente para identificar a alguien.

Mi cliente había cometido una imprudencia que violaba los términos de nuestro contrato; él estaba consciente de eso y suponía cual era el siguiente paso, por eso se disculpaba por haber cometido tan irresponsable acto.

Cruzamos la calle y entramos a su casa; allí arreglamos nuestras diferencias.

-Solo quiero que me conteste una pregunta, ¿qué diablos trataba de hacer?

-Lo único que puedo decir es que lamento profundamente la estupidez que cometí.

-Es mejor para los dos que me retire de su investigación

-Eso no lo permitiré

-¡Usted no tiene control de mis actos señor!

-Sé que pude interrumpir o arruinar su investigación, pero si de algo sirve, le suplico su compasión.

-De nada me servirá amenazarlo nuevamente; esta vez haremos algo que le hará pensar dos veces antes de dar un paso para inmiscuirse en mi trabajo.

-No entiendo

-Esta la dejare pasar, todo quedará olvidado, pero en lo adelante, cada vez que se meta en mi camino durante esta investigación, le cobraré $25.000.00 dólares de multa, si lo paga seguimos adelantes si acepta esta condición, seguimos.

-Trato hecho.

-No, haremos algo mejor.

-¿Qué?

Saqué el folder que tenía dentro de la mochila, lo coloque encima de la mesa indicándole a mi cliente que escribiera en el contrato, a puño y letra, una nota donde se especificara claramente que, si volvía a meterse en mi trabajo o desobedecía una orden, renunciaría a ser su investigador o él pagaría la suma antes acordada. Sin dudarlo, el señor Hank, colocó la nota al final de la segunda página del contrato, donde además estampó su firma.

En el largo tiempo que llevo trabajando como encubierto dentro del crimen organizado, he notado que lo que más le duele a una persona, es tener que enmendar un error con dinero, sobre todo si la suma a pagar es considerable. Hacía esto con mi cliente pues me interesaba continuar con este trabajo que cada vez se tornaba más interesante y peligroso y que a la vez, podría convertirse en una de mis mejores investigaciones.

La noche se hizo larga, salí en dirección a mi casa totalmente agotado, mi cuerpo pedía con urgencia un buen descanso y descargar un poco del estrés que tenía a causa del desagradable momento que me había hecho pasar mi nuevo cliente.

"El crimen perfecto no es aquel que no se resuelve, sino el que se resuelve con un falso culpable".

Sir John Hurt- Arthur Seldom
Frase de la película: Los crímenes de Oxford

4

CARMEN

Eran las 5:00 de la mañana cuando mi teléfono comenzó a sonar; no podía contestar pues me estaba dando un baño, pero ante la insistencia, salí medio enjabonado para tomar el aparato; era obvio que quien llamaba no quería dejar mensaje, quería hablar conmigo en ese momento; no podía esperar que me desocupara.

-Hello!

-Le habla el abogado Julián Trenton de Orlando Florida, quisiera tener una reunión con usted

-¿Cómo obtuvo mi teléfono?

-Un colega de Miami, me recomendó sus servicios.

-Si no es indiscreción, me puede decir, ¿quién es ese amigo que me recomienda?

-Es mejor dejarlo así por el momento, me dijo que le guardara el secreto, ja, ja, ja.

-No hay problemas.

-¿Cuándo puede venir a mi oficina?

-Como sabe, mi centro de operaciones está en Miami, y para ir a su oficina en Orlando, tendría que disponer de un día completo.

-Tengo una pequeña oficina en Miami, donde podemos encontrarnos mañana

-Perfecto, esa es buena idea

-Le llamaré después del mediodía.

-Esperaré su llamada.

Anoté esta reunión en mi agenda del día siguiente, para después de la comida.

Por más ocupados que estemos, no podemos descuidar nuestra alimentación,   si lo hacemos, nos veremos obligados a tomar descansos en la sala de algún hospital.

Al día siguiente, tal como dijo, recibí la llamada del abogado para coordinar lo de mi visita a su oficina. Después de llegar su hermosa secretaria me invito a pasar al despacho de su jefe, el que extendió su mano inmediatamente para saludarme cuando entre al cuarto de oficina. El hombre comenzó diciendo:

-Tengo un grave problema el cual, según nuestro amigo en común, usted me puede ayudar a resolver.

Con este planteamiento inicio el abogado su conversación; era obvio que necesitaba mis servicios.

-Adelante, necesito los detalles para hacer una evaluación inicial de su caso para determinar si en verdad podemos ayudarlo

-Hace dos años me casé con una encantadora jovencita llamada Carmen Loaiza.

-¿Qué edad tiene su esposa?

-Cuando la conocí tenía veinte años, nos casamos tres meses después.

-¿Qué piensa que puedo hacer por usted?

-Hace unos días comencé a tener una molestia en el pene, era una picazón en el conducto por donde sale la orina para descargar la vejiga

-¿Fue al médico?

-Sí, y después de hacerme algunas pruebas, me dio un diagnóstico que me dejó alarmado. Contraje una gonorrea.

Después de hacer algunas explicaciones y hablar de datos sobre la gonorrea, sus causas y efectos, continúe con mi interrogatorio.

-Su situación es difícil si está casado.

-¿Cómo me contagié con esta enfermedad?

-Probablemente tuvo relaciones sexuales con alguna mujer infectada sin usar protección.

-Negativo, soy un hombre fiel, tengo una mujer que además de hermosa es ardiente y joven; no necesito ir a la calle en busca de placer.

-¿Me quiere decir que usted nunca ha tirado una canita al aire?

-Solo tengo sexo con mi mujer.

-La pregunta del millón seria, ¿para qué serviría yo, en esa situación?

-Quien me contagió fue mi esposa, ella se debe estar acostando con alguno de los hijos de puta, de mis amigos.

-Que tenga esa enfermedad, no significa que sea su mujer quien lo contagió.

-Todo indica que fue ella y quiero que la siga durante un mes; si descubrimos que me engaña, me divorciaré de ella.

Aquel hombre se veía confundido, molesto y desorientado.

-No estoy muy convencido de que su esposa le esté siendo infiel, pero si quiere que abramos una investigación, firme este contrato y pague el 50% de esta cantidad por adelantado.

El abogado vio la suma total que debía pagar y sin pensarlo dos veces, sacó su chequera para hacer el pago. Le pedí una foto de su mujer; él me proporcionó datos sobre las salidas que su dama hacía usualmente de lunes a viernes; los sábados y domingos los pasaba con su esposo quien muy pocas veces salía de la casa.

Carmen Loaiza, era una mujer muy hermosa; tenía ojos expresivos que reflejaban destellos de luz, con pestañas largas y cejas muy pobladas; de alta estatura y piernas largas, cara redonda y carnosos labios seductores que a cualquier mortal le llamaría la atención.

La mujer iniciaba su día saliendo a caminar con su perro muy temprano en la mañana. Se quedaba en su casa los lunes y jueves para cumplir con el quehacer de su casa, los martes, miércoles y jueves, ayudaba a su esposo con los expedientes de sus clientes. Comenzamos la vigilancia el primer lunes después de haber firmado el contrato de investigación.

La actividad de Carmen era común y corriente, todo parecía normal. Los siete días de la semana "ella" salía temprano de su casa a pasear con Lebrón, su Dóberman negro; siempre caminaban hacia un parque cercano a su residencia.

Se dice que, en Alemania, el señor Karl Friedrich Louis Dóberman, 1834-1894, encontró un perro callejero de raza desconocida y notó que tenía características interesantes; lo cruzó con el Pinscher, y es así como se creó la raza de los Dóberman

Los Dóberman, recibieron su nombre en honor a quien creara su raza. Son perros domésticos, aunque suelen ser utilizados como guardianes por ser muy leales a sus dueños y cuidar celosamente de sus pertenencias. Cuentan que el señor Dóberman, confiscaba bienes y hacía cobros compulsivos, por lo que necesitaba un perro grande y feroz que le cuidara.

En las fotos que durante mi investigación tomé a Carmen y a su perro mientras caminaban por el parque, se podía apreciar el cuidado y cariño que ella daba a Lebrón su perro, eso era lo único que llamaba mi atención en todo este asunto. La mujer de mi cliente no salía con extraños ni con los amigos de su esposo; solo se le veía acompañada de su perro.

Los días pasaban y me sentía preocupado, pues había firmado un contrato de investigación con mi cliente y hasta el momento, no tenía nada que reportarle; su esposa no daba ninguna pista que la asociara a un amante.

Carmen, se distinguía por el uso de blusas con pronunciados escotes tanto al frente como en la espalda lo que permitía ver el llamativo tatuaje de un ojo casi perfecto que tenía pintado entre la espalda y el cuello. Había tomado varias fotos de cerca con mis potentes cámaras en las que se podía apreciar el parecido del ojo en el tatuaje con los ojos de su cara; parecía como si tuviera un tercer ojo en su espalda.

Llamé a mi cliente para hacer una cita en la que revisaríamos los resultados de mi investigación; yo estaba seguro de que su mujer no le estaba siendo infiel como él pensaba.

-Señor Trenton, ya llevamos 30 días de investigación en su caso y no hemos podido encontrar ninguna evidencia que nos lleve a dudar de su esposa.

-¡Esa hija de puta me está pegando los cuernos!, ¡tienen que seguir adelante, estoy seguro de que tiene un amante!

Aunque tenía una vaga sospecha no quería crear problemas entre aquella pareja que parecía llevar una vida en armonía.

Mi cliente insistía en que su esposa era una puta, y como el cliente siempre tiene la razón, no podía dudar de sus palabras; debía seguir adelante con mi trabajo.

-Quiero agotar una posibilidad.

-Hable claro y directo.

-Si usted lo permite, puedo poner varias cámaras dentro de su casa

-¡Está loco!

-Los aparatos que colocaremos en todos los cuartos de su casa estarán conectados al Internet. Usted tendría una clave secreta y yo tendré otra que usted conocerá, de manera que, cuando usted salga de la casa pone mi clave y así yo puedo ver lo que está pasando dentro de su casa; a su regreso pone su clave para cortar la imagen dejándome a ciega y volviendo a su privacidad.

-No sabía que eso fuera posible.

-Sí, es un sistema que usted puede activar y apagar en cualquier momento.

-¿Podría ver cada rincón de mi casa desde cualquier parte del mundo?

-Así es.

-¿Está suponiendo que el desgraciado que se acuesta con mi mujer entra a la casa cuando yo salgo?

-No, es algo más complicado.

-Usted es un hombre misterioso.

-Solo quiero agotar todos los recursos para dejarlo tranquilo.

-¿Cuándo quiere colocar los aparatos?

-Mañana cuando su esposa salga de la casa quiero que esté cerca; llevaré un técnico que solo tardará 35 minutos en colocar las camaritas y con seguridad, nadie notará su existencia.

Tenía una idea dando vueltas en mi cabeza, pero no era muy probable que mis sospechas fueran ciertas; de todos modos, como en mis trabajos de investigación había visto tantas cosas extrañas, cualquier cosa podía ser posible.

Mi técnico colocó las pequeñas cámaras, algunas del tamaño de una moneda, pegadas al techo y del color de este, resultaba imposible ver o detectar. El aparato tomaba la señal wifi-enviada al satélite que lo depositaba en una cuenta de Internet que mi oficina manejaba a distancia.

Cuando hablamos de wifi nos referimos a una de las tecnologías de comunicación inalámbricas mediante ondas, más utilizada hoy en día donde la tecnología esta dominando nuestras vidas.

Un hombre o una mujer celoso/a ve fantasmas donde no los hay, pero a veces la vida nos trae sorpresas que solo viviéndolas podríamos creerlas.

El lunes no pasó nada que nos pudiera dar una pista de que un amante estaba entrando a la casa, pero yo seguía con mi extraña sospecha. Finalmente, el jueves próximo a las 8:30 de la mañana la mujer llegó sudada de su caminata, a la que como de costumbre, fue acompañada de su perro, las cámaras grababan una imagen totalmente nítida. Ella se veía molesta y sofocada; comenzó a quitarse la ropa desde que entró por la puerta del frente, colocó la clave secreta que se le ponía a la alarma y esto me causó gran inquietud. ¿Si era por la mañana, porque activaba la alarma que únicamente la conectaban cuando se preparaban para dormir?

Tomó uno de los tenis que se había quitado y se lo lanzo al perro, quien le mostró los dientes en plan de ataque. Los nervios se apoderaron de mí al ver la mujer ponerse en cuatro patas, preparándose para enfrentar al animal. Continuó quitándose ropa hasta quedar totalmente desnuda frente al animal, el cual seguía mostrando sus enormes colmillos cuando abría la mandíbula para atacar a su dueña quien seguía desafiándolo.

Mi asistente y yo nos acercamos a la residencia, hacíamos la vigilancia a unas cuadras de distancia de la casa y veíamos en la pantalla de la computadora del auto que usábamos para tales fines todo lo que estaba pasando dentro de aquella casa.

La hembra cambió de posición dándole la espalda al animal que se le subió por la parte trasera y sacó su pene rojo para iniciar un acto sexual con su dueña, en el que le penetraría por el ano como si ambos fueran animales de la misma especie

Pudimos notar que el perro estaba amaestrado para iniciar la actividad sexual cuando ella lo provocaba y se desnudaba. El animal entendía perfectamente la señal de su dueña. El acto sexual perro, mujer duró unos veinte minutos, ella rugía de emoción y hacía ruidos que jamás había escuchado, el perro gruñía con un placer perruno; era difícil creer que esto estuviera ocurriendo ante nuestros ojos.

Había escuchado que algunas mujeres les hacían el sexo oral a sus mascotas y que éstas se acostumbraban a las enseñanzas de sus dueños, pero jamás imaginé que vería con mis propios ojos un acto sexual de este tipo. Sospechaba que Carmen, tenía otro hombre dentro de su casa, que bien podría ser un amigo, el cual su marido mencionó en alguna ocasión, pero jamás imagine que tuviera sexo con su perro.

Tomé el video y lo borré inmediatamente de la base de datos del Internet; llamé al cliente para informarle que la investigación había terminado. Él quiso verme de inmediato para que le mostrara las evidencias. Mi asistente Alex y yo nos presentamos a la oficina del abogado donde nos reunimos a puertas cerradas.

-No quiero que se asuste con lo que verá a continuación, son cosas de la vida.

-Muestre lo que tenga, estoy seguro de que es mi vecino que se está acostando con esa perra.

-Está equivocado, su amante se llama Lebrón.

-¡Mierda, que maldita coincidencia!

-¿Qué dijo?

El abogado intervino para decir:

-Se llama igual que mi perro el maldito hombre.

-¡Es con su perro con quien le es infiel Señor!

Pronuncié estas palabras por decir algo mientras encendía la computadora que minutos después comenzó a presentar la imagen con los sonidos que aún retumban en mis oídos.

-¡Pero sí es con el perro!

Saqué de la computadora, el disco donde tenía la grabación, se lo entregué y salí de aquella oficina totalmente mudo; mi asistente caminaba pegada a mi brazo pues temía que nuestro cliente fuera algo parecido a su hermosa esposa y nos atacara.

La investigación había salido mejor de lo que pensaba, buscábamos un hombre y nos encontramos con un perro que era el amante de su dueña. Pasó una semana y no supimos nada del abogado, pero algo me inquietaba. Era de esperarse que el caso de un hombre celoso que tenía intenciones de golpear a alguien tuviera desenlace diferente; tomé la determinación de hacer algunas horas de vigilancia para satisfacer mi curiosidad.

Estábamos desde las 5:00 de la mañana cerca de la casa esperando que Carmen, sacara a pasear su perro como lo hacía todos los días, pero nunca la vimos salir. En ese momento tuve un presentimiento; tomé el teléfono y llamé a la Sociedad Protectora de Animales, del estado de la Florida.

-Hello.

-Quiero información de un perro en especial.

-Dígame el nombre del animal.

-No lo tengo completo, pero creo que le llaman Lebrón.

-¿De qué raza?

-Es un Dóberman.

-Es un Poppy?

-No, es un perro grande, adulto, de color negro.

-¿Tiene el nombre de los dueños?

-Si.

-Dígame el nombre.

- Carmen Loaiza.

-Un momento por favor.

Si había pasado algo con el animal esta era la institución que me podía dar información instantánea ya que tenían un sistema de archivo computarizado muy completo. Cuando la joven que me estaba atendiendo regreso al teléfono me dijo:

-Ese animal fue incinerado hace dos días

-¿Cómo?

-Murió envenenado.

-¿Quién lo mato?

-Parece que comió algo cuando la dueña lo saco a caminar.

-¿No le parece extraño?

-¿Qué sabe usted sobre este caso?

45

-Tiene toda la razón este perro fue envenenado.

Cerré la comunicación y me dirigí hacia la oficina del abogado Julián Trenton, quería hacerme algunas preguntas. "El nombre no quiso recibirme, no sé si por vergüenza o falta de tiempo, pero me envió una nota con su secretaria que decía lo siguiente:

"Si lo necesito sé dónde buscarlo, me estoy divorciando y le aseguro que en un mes seré un hombre libre".

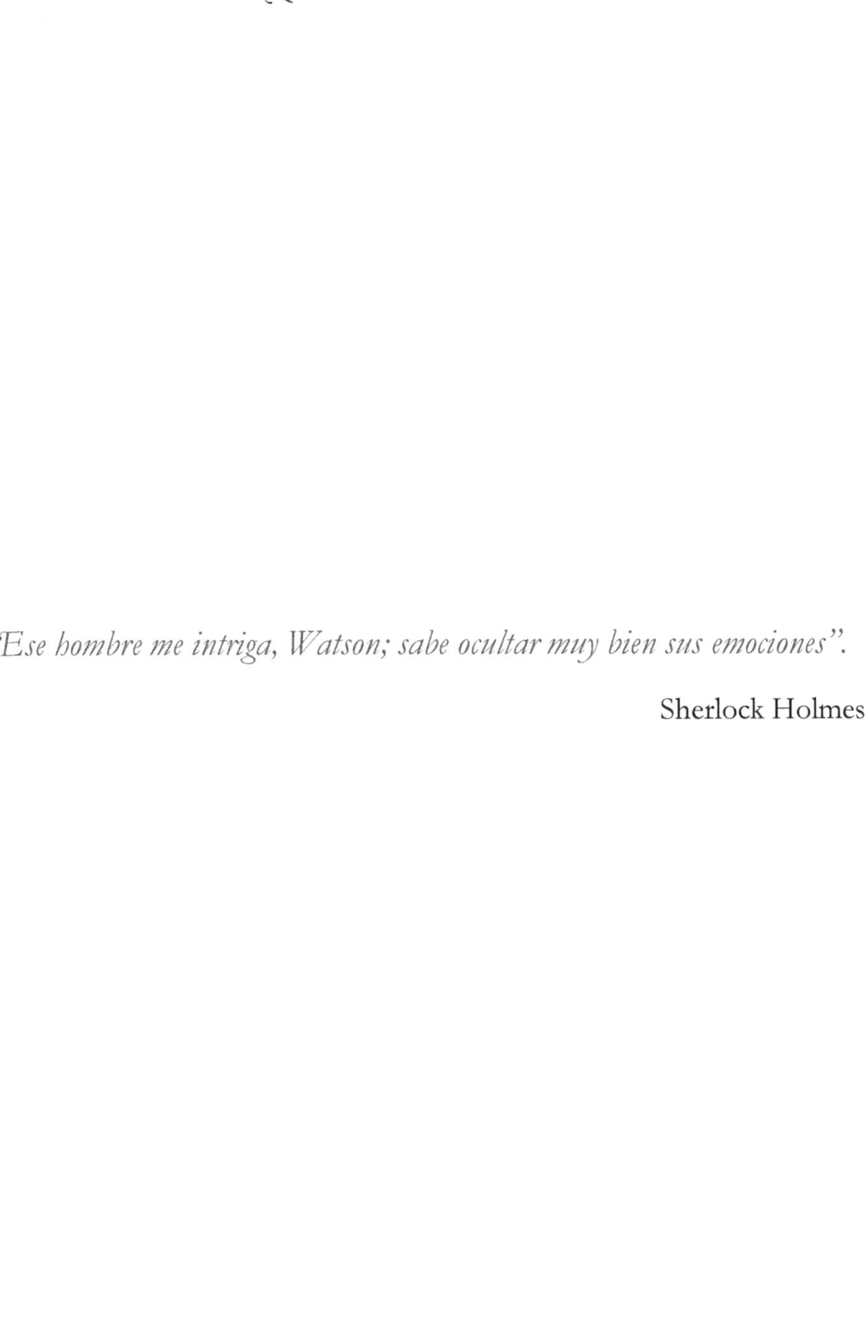
"Ese hombre me intriga, Watson; sabe ocultar muy bien sus emociones".
Sherlock Holmes

5

EL MÁS BUSCADO

El objetivo principal en este trabajo era identificar al vecino del señor Dante Hank, el hombre llamado Diego.

Tenía controlado el sistema de cámaras que había instalado mi cliente frente a la casa del sospechoso, mi asistente monitoreaba por Internet todos los movimientos que se hacían frente a la casa vigilada, la tecnología sustituía la vigilancia humana, una cámara bien colocada podía hacer mejor trabajo que dos investigadores apostados frente al objetivo.

Nada nuevo acontecía y fue por eso por lo que di el segundo paso arriesgando un poco tratando de provocar alguna nueva situación. Solicité una búsqueda especial a un policía retirado, experto en huellas dactilares que me hacía algunos trabajos fuera de récord. Quería obtener huellas dentro del apartamento de Carmen, y en casa del hombre llamado Diego, sin decirle que esas propiedades habían sido abandonadas por sus inquilinos.

El Tuerto, así le llamábamos al especialista en huellas, había perdido uno de sus ojos en el cumplimiento de su deber, cuando trabajaba en la policía. Un delincuente disparó su pistola hiriéndolo gravemente y perdiendo este valiente policía ese importante órgano por lo que le pusimos el apodo del Tuerto. Cuando nos encontramos inmediatamente le dije:

-Quiero que me hagas un trabajo esta noche.

-¿Cuál es el secreto?

-No quiero que curiosos te vean entrando en esas propiedades.

-¿Estás seguro de que no tendré problemas con las autoridades?

-Te lo juro.

Conseguí que mi amigo, El Tuerto, se presentara como a las 10:00 de la noche al apartamento de Carmen.

Tenía la escena preparada, abría la puerta como si viviera allí, para darle confianza a mi amigo quien, haciendo uso de su especialidad, iniciaría uno de los trabajos más meticulosos que he visto. Teníamos que conseguir las huellas de la misteriosa joven desconocida, llamada Carmen.

Después de tres horas buscando huellas, nos preocupamos, pues las únicas encontradas, eran la del joven Hank.

-¿Estás seguro de que aquí vivía otra persona?

-La historia es larga de contar; así dice el señor Hank, "su padre".

-Alguien está mintiendo, esto te lo aseguro.

-Supuestamente, la dueña del apartamento era la mujer, el hijo de mi cliente solo era el novio, quien venía a visitarla para acostarse con ella y luego regresar a su casa.

-Tengo mucha experiencia en este trabajo y te aconsejo que abras los ojos. Si aquí vivía otro ser humano que no fuera el hijo de tu cliente, esa persona es experta en borrar huellas y la intención era solo una.

-Que solo aparecieran las huellas de Dante Antonio Hank, el hijo.

-Es posible.

-Mañana haremos otra inspección igual en la otra dirección, aquí no hay nada más que hacer amigo.

-¿Qué otra dirección?

-Tengo otro trabajo para ti.

Este asunto se complicaba cada vez más, sin lugar a duda las personas que estaban detrás de esta conspiración, si la había, eran verdaderos profesionales del crimen organizado o pertenecían a servicios de inteligencia de alto calibre. Estaba casi seguro de que detrás de estos atracos se manejaban otros poderes; esto no parecía una investigación sobre un simple robo a un banco.

Las personas que están dirigiendo los hilos del poder a veces c o m e t e n actos en contra de ciudadanos sin importar los daños que ocasionen, con tal de lograr sus objetivos.

No tenía tiempo que perder, al día siguiente informé a mi cliente que haría una nueva revisión dentro de la casa del sospechoso desaparecido. Esta vez decidí avisarle para evitar que se apareciera nuevamente empuñando un arma y complicara las cosas.

Mi amigo. "El Tuerto", se concentraba en su trabajo, aplicaba polvo por todas partes y usaba unos potentes binoculares que detectaban cualquier huella a distancia "si era que había alguna dentro de aquella casa". Después de dos horas de trabajo el expolicía dijo:

-¡Te atrape desgraciado!

-¿Conseguiste algo?

-Tengo una huella clara con la que identificaré a quien vivía o entró a esta casa.

-Roguemos a todos los santos que no sean las huellas de nuestro vecino.

-¿Qué?

-Solo pensaba en voz alta.

La última persona que había usado el baño cometió la imprudencia de levantar o bajar la tapa del inodoro, de acuerdo con lo que decía mi amigo, ésta era una huella perfecta.

-Este desgraciado, si es un hombre, tiene que ser homosexual, agente de inteligencia o estuvo preso en alguna cárcel federal.

-¿Qué te lleva a pensar eso?

-También tengo mis secretos.

-Por favor, no me salgas ahora con que eres homosexual.

-Trabajo terminado, no diré una sola palabra, tendrás tu reporte.

Estaba nervioso cuando observaba al Tuerto poner la huella encontrada en su sistema para verificar este tipo de evidencias electrónicamente, todo iba muy bien hasta que el expolicía se quitó el sudor de la frente para decirme:

-Este desgraciado se llama Diego Sandoval. Te anotaré los datos y otros asuntos en esta libreta, con esto mi trabajo queda terminado.

Ahora el perseguidor podría ser el perseguido, tenía que esconderse muy bien porque estaba al descubierto.

Diego Sandoval: Inicio su vida criminal a los 20 años, cuando con pistola en mano entró a un banco pidiendo a todos que se lanzaran al suelo porque esto era un atraco. Un agente del FBI, vestido de civil que estaba en la fila para cambiar un cheque, sacó su arma de reglamento la cual llevaba oculta y disparo al atracador, que, con un arma, asustaba al grupo de clientes que se lanzaban al piso para evitar ser acribillados en la balacera que se armó cuando los plomos del agente federal comenzaron a salir.

El asaltante recibió una herida en el pecho, esto lo derribo inmediatamente, el agente del

FBI, se lanzó sobre él y le dijo:

-¡Si quieres morir desgraciado, has un movimiento!

Pocos minutos después, el banco se llenó de agentes de la policía; los paramédicos se llevaron al hospital a quien hacía unos momentos tuvo a un grupo de personas aterrorizado. Las felicitaciones colmaron la paciencia del joven agente Manuel Fernández, quien estaba consciente de que había realizado un buen trabajo.

Por este crimen, el asaltante Diego Sandoval, luego de recuperarse de su herida de guerra "como decía", fue condenado a 15 años de prisión y fue asignado a una cárcel en California, ya que la última dirección que se le conoció estaba en ese Estado. El Juez tomó esa decisión, por no haberse encontrado ningún familiar cercano del asaltante.

Después de conseguir el voluminoso reporte del sistema público, que contenía los antecedentes del desaparecido, el siguiente paso era salir hacia California, para con la asistencia de un conocido, tratar de ver los archivos de la prisión donde cumplió su condena este hombre que ahora era perseguido por mis investigadores privados.

53

"Cuan profundo misterio es el misterio de la libertad humana. Si nos fuera dado a los hombres saber el porqué y el cómo de este misterio sabríamos ya el porqué y el cómo de todas las cosas".

Anónimo

6

UN SACRIFICIO PROFESIONAL

California, nombre de origen europeo, es el quinto estado más antiguo de los Estados Unidos.

Se dice que el nombre de California se deriva del nombre de la regente de un paraíso ficticio dominado por amazonas negras, la reina Califia.

California, cuenta con una población de 38. Millones de habitantes y ocupa una superficie de 410.000 Km2, con estas cifras podemos decir que California, es uno de los estados más poblados de los Estados Unidos y el tercero con mayor extensión, después de Alaska y Texas.

Tomé un vuelo hacia California, en busca de completar la información que me condujera a obtener datos para seguirle la pista a este peligroso criminal, asaltante de bancos, que por el momento estaba desaparecido. Tenía que iniciar mi búsqueda en la casa, "cárcel" donde vivió esta persona que estuvo recluido por varios años.

Un político conocido quien me debía algunos favores me puso en contacto con el director de la cárcel donde estuvo preso Diego Sandoval. Las cárceles son lugares tenebrosos, donde habitan personas de cuidado. Tanto los presos como los guardianes arrastran frustraciones que propagan como un virus dentro de la compleja población carcelaria.

Me presenté con el guardia de la puerta principal; le informé cuales eran mis necesidades y a quien visitaría en esta oportunidad.

-Tengo una cita con el señor Anthony Frade, director de esta cárcel.

-Un momento por favor.

El hombre tomó mi identificación y la colocó frente a él, mientras escribía los datos de ésta con el teclado de una computadora. Cuando terminó se levantó nuevamente de su asiento y dijo:

-Colóquese frente a esa ventana, le tomaré una foto.

Me dejé guiar sin poner resistencia; mi único propósito era hablar con el hombre que tenía los archivos, el historial de cada día que mi sospechoso "Diego" había pasado en esa cárcel. Pude notar que todo estaba arreglado cuando me hicieron pasar a una pequeña sala donde vino a buscarme un hombre que solo dijo: Sígame

Llegamos frente a una puerta de metal; el guardia que me acompañaba dijo:

-Visita entrando.

La puerta se abrió y tomamos un pasillo que nos condujo hacia el centro del edificio donde se repitió la frase:

-Puerta abriendo, visita entrando.

Después de recorrer un buen trecho "creo que para impresionarme con la seguridad que había en el lugar", se abrió la última puerta que conducía al despacho del hombre que dirigía aquel lugar.

Sin anunciarse, un hombre con traje gris, camisa blanca y corbata roja apareció en el centro de aquel cuarto, como si hubiera traspasado la pared. Nunca imaginé que en esa oficina pudiera haber una puerta simulada que conducía a un baño, el cual era del uso exclusivo del director; el baño era una especie de escondite.

El sujeto extendió su enorme mano derecha para estrechar la mía; de inmediato me levanté de mi asiento para responder a su saludo.

Mi amigo, el que me conectó con este hombre, me advirtió que tuviera mucho cuidado con él, pues tenía unos juegos muy pesados con las personas que se interesaban por su trabajo. El me miro con ojos de inspección para decirme:

-Siéntese, por favor.

-Gracias.

El director dio media vuelta y cerró la única puerta que era el camino a la libertad. Cuando escuché el espantoso ruido de la puerta al cerrarse, sentí un miedo que penetró hasta mis huesos; un temor tan intenso que no puedo describir. Traté de controlarme sabía que mi encierro era momentáneo; solo me encontraba allí haciendo una visita.

El solo hecho de encontrarme sometido a la voluntad de personas que solo sabían dar órdenes y hacer que se cumplieran, me alteraba el sistema nervioso. Estos guardias actuaban como autómatas; esos hombres tenían que guiarse por un manual de conducta el que tenían que seguir al pie de la letra, los obligaba a cumplir con lo que el director ordenaba. Después de tomar algunos documentos que tenía en el escritorio me dijo:

-Encantado de conocerle señor Martínez.

-El gusto es mío señor Frade.

-Me informa nuestro amigo en común que está interesado en los archivos confidenciales del criminal Diego Sandoval.

-Si.

-¿Habló con el abogado de Diego?

-No.

-Primer error, señor Martínez

-¿Tiene el nombre de ese abogado?

- Su nombre es Julián Trenton.

Por un momento me quedé sin respiración, pensaba que nuevamente el destino me tenía algo preparado, es por eso por lo que siempre digo que nada es casual, que todo tiene un por qué en nuestras vidas. Solo tenía que atar los cabos, quería comprobar que en el caso que investigaba a favor del joven Hank, su novia, la mujer del tatuaje del ojo en la espalda, era la ex mujer del abogado de Diego Sandoval. No le diría nada de esto al director de la cárcel ya que vine en búsqueda de información y no a dar la que ya tenía en mi expediente. Tratando de disimular, saqué una libreta y escribí en ella el nombre del abogado del ex reo que me interesaba encontrar.

-¿Tiene algo más que decirme?

-No señor, solo pedirle permiso para ver esos archivos.

-¿Qué quiere saber señor Martínez?

-Busco una aguja en un pajar.

-Déjeme darle un poco de información para que despierte y no se deje sorprender de la maldita rata llamada Diego Sandoval.

-Nuestro amigo en común me advirtió que usted es un hombre muy ocupado y con muchas responsabilidades, es una de las razones por la que no quiero quitarle mucho tiempo.

-¿Está decidido a saber quién es en realidad el desgraciado Diego Sandoval?

-Si.

-Hoy es jueves, el fin de semana será bueno para jugar golf con nuestro amigo el congresista, quien me encargó que fuera su colaborador.

-Hoy es un día maravilloso.

-Usted se quedará en mi cárcel hasta el lunes ya que tengo algunas obligaciones este fin de semana y tendré que salir de la ciudad.

Este hombre tenía un aspecto de loco y cuando hablaba, el énfasis en sus palabras y su fría mirada me atormentaban.

Lo peor de todo era que ahora me encontraba en tremendo aprieto; si este sádico degenerado creía que yo pasaría tres maravillosos días preso en su cárcel, por el simple hecho de querer revisar unos sucios papeles, estaba loco.

-No puedo quedarme en su cárcel por tanto tiempo señor.

-En este lugar solo se escucha mi voz y se hace lo que yo digo; ahora usted es uno más de los que al entrar aquí, se convierten en mis huéspedes.

-Siento mucho contradecirle señor, pero usted no puede obligarme a quedarme en su edificio por tanto tiempo.

-Veremos quién tiene razón Señor Martínez, usted vino de las cálidas playas de Miami, a buscar un congresista de esta ciudad para que lo ayude a entrevistarse con el director de esta cárcel.

-Hasta ese punto todo está bien, pero nadie ha infringido la ley.

-Le dijo nuestro amigo el congresista que siempre doy más de lo que se me pide.

-Habló maravillas sobre usted, dijo que era muy colaborador cuando se le pedía un favor y también dijo que era un tremendo hijo de puta.

-Señor Martínez, seré colaborador con usted, le ayudaré con eso que quiere saber, estoy seguro de que me lo agradecerá. Nos vemos pronto.

El hombre desapareció por la misma puerta que entro, ésta se cerró dejando la pared sin rasgos de que allí había una puerta. Segundos más tarde, escuché el sonido de una puerta que se habría a mis espaldas; era la puerta por donde minutos antes había entrado, apareció un guardia que me guio hasta el que llame: escondite secreto, el cuarto no tenía mucho espacio, para dos personas se sentía estrecho, sin ventanas, paredes pintadas de verde oscuro. Las cosas no estaban saliendo como pensé saldrían, pero no tenía otra salida que seguirle los pasos al guardia de la prisión quien me dijo:

-Póngase esta ropa, lo voy a llevar a la celda número "11"

-¡Usted está en un error, es mejor que me saque de su maldita prisión antes de que ese hijo de puta cierre el edificio!

-Podemos hacer esto de dos formas: Usted hace de prisionero o lo dejo encerrado aquí por tres meses bajo el cargo de facilitarle la fuga a uno de los prisioneros.

-¡Esto es un atropello!

-¡Solo soy un empleado que cumplo ordenes, si no hace lo que le estoy diciendo lo meteré en un problema que jamás en su vida quiso estar!

Por ahora me encontraba en la boca del lobo y tenía que esperar a que las cosas tomaran otro rumbo. Me coloqué el quimono que se usaba como vestimenta en la prisión, luego seguí nuevamente al guardia de la prisión.

Había jaulas con presos a ambos lados del pasillo, dentro de cuartos protegidos con enormes barrotes que indicaba a los visitantes que estarían bajo arresto. Esto no era un sueño, cuando el guardia tomó una gran llave para abrir la celda número "11" me di cuenta de que realmente estaba preso. Esta vez el sujeto dijo en voz alta:

-¡Visita entrando a celda número "11"!

El estruendo de las carcajadas me dejo confundido y nervioso. Ja ja ja, sonaba la risa de los presos en las celdas que componían el pabellón; este infernal sonido era como un látigo que maltrataba mi cuerpo.

Aquello parecía una película de terror, las burlas salían de cada una de las celdas del primer piso del edificio que albergaba unos 1,700 prisioneros de perfil selectivo, lo que traducido al lenguaje común quería decir que estaba metido en un lugar donde en cualquier descuido, podían asesinarme por la espalda o violarme mientras dormía.

Lo que más me preocupaba en esos momentos, en el peor de los casos, era si alguien me identificaba como detective privado y divulgara esta información en la población carcelaria, con seguridad me darían una paliza que me dejarían paralítico o postrado a una silla de ruedas por el resto de mi vida.

En mi nueva estancia había un camarote de dos pisos, con un colchón delgado, una sábana blanca, la biblia y un sanitario. El destino es impredecible, hace unas horas me encontraba en una lujosa habitación en el Hotel Marriott, la suerte me había cambiado, ahora estaba en un lugar pendiente de todo, porque cualquier descuido podría costarme la vida.

El tiempo pasaba sin darme cuenta, era como tener una pesadilla estando despierto. Escuché un ruido en una de las esquinas en la parte arriba del camarote y luego apareció la sombra de la cabeza de alguien que parecía un esqueleto salido de las catacumbas romanas. Luego escuche su potente voz; era difícil relacionar aquel sonido con aquella figura.

-Supongo que usted es mi nuevo compañero.

Me quedé frío como un tempano de hielo, había otro preso en la celda donde estaba recluido, conteste con rectitud.

-No por mucho tiempo.

-Entiendo.

-¿Qué es lo que comprende?

-Te dejaron aquí mientras el avión que transporta los presos pasa por esta área y te recoge.

-Está en lo cierto.

Tenía un compañero de cuarto, el hombre que estaba acostado en la parte de arriba del camarote era delgado, con la cabeza grande y voz de macho, creí que se me había aparecido un extraterrestre.

Iniciamos una conversación que se prolongó por largo rato, parecíamos dos viejos amigos que se rencontraban después de muchos años.

Era lo mejor que se podía hacer, tenía que acostumbrarme a mi nueva situación o ponerme a llorar sin parar hasta ver cuál sería mi suerte.

-Mi nombre es Brando el Italiano.

-Yo soy Ángel Martínez.

-Con usted, son tres los compañeros que he tenido en esta cárcel

-Eso es bueno.

-¿Qué?

-Los números impares son de buena suerte.

-¿Quiere decirme que usted me ha traído buena suerte?

-Puede ser.

-A mi antiguo compañero se lo llevaron ayer por orden del director para enviarlo al tercer piso.

-Sigue el número tres detrás de su destino señor Brando.

-El primer compañero que tuve por más de siete años fue el hijo de puta más grande que ha pasado por esta celda.

-¿Por qué dice eso?

-El desgraciado de Diego Sandoval, es un hombre con suerte.

Al escuchar aquello, dejé de respirar por un momento y sentí que se me paralizaba el corazón, pero tenía que evitar que mi nuevo amigo se diera cuenta de que su comentario me había impactado de ese modo.

El loco director de la prisión me había jugado una broma de mal gusto, encarcelándome junto a quien fue compañero de celda del hombre que perseguía y por el cual me arriesgué a venir a este lugar en busca de información.

-Definitivamente creo en el destino.

-Si tiene tiempo podemos hablar.

-Señor Brando, no tenemos donde ir, lo mejor que podemos hacer es hablar de lo que nos guste.

-Me agrada su punto de vista.

Las cosas estaban siguiendo el camino por donde quería andar, sin tener que insistir, mi compañero comenzó a hablar del engaño de su antiguo compañero de celda.

-Fui condenado a 25 años de cárcel por un atraco que realicé en New York, contra un Banco Popular... Cuando llegué a esta cárcel para cumplir mi condena, encontré a un hombre joven que venía a cumplir, quince años de cárcel por haber cometido un atraco a otro banco de Miami en Florida.

-El sistema de presiones comete errores imperdonables.

-¿Por qué dice tal cosa?

-No me explico cómo se les ocurre juntar en la misma celda, dos prisioneros que cometieron el mismo delito.

-En eso tiene razón, porque debido a eso fue que nos hicimos amigos.

-¿Usted sigue siendo amigo de ese hombre llamado Diego Sandoval?

-Lo único que recibí de él después que se fue de aquí, fue una foto que parecía una postal donde aparecía abrazado con su hija, en un restaurante propiedad de esta.

-¿Su amigo Diego, fue trasladado por el director?

-Es por eso por lo que le estoy diciendo que ese desgraciado es un hombre con suerte.

-No entiendo.

-Por problemas de ocupación en las cárceles de California, la Corte Suprema de Justicia de los Estados Unidos, decidió poner en libertad a miles de reclusos. Una orden similar había sido dispuesta en el año 2009, pero en ese entonces el estado de California apeló la sentencia de la corte, aludiendo que los presos liberados constituían un peligro para la población.

En agosto del año 2009, tres jueces federales ordenaron la liberación de 40,000 mil prisioneros en dos años.

A finales del año pasado, California apeló a la Corte Suprema para anular la sentencia.

-Sí, recuerdo esa decisión: La Corte Suprema de Estados Unidos, ordenó al Estado de California, la liberación de miles de prisioneros para paliar un serio problema de hacinamiento. Para no violar los derechos constitucionales de los presos, debido al incumplimiento de nuevas construcciones y transferencias fuera del Estado u otros medios, un gran número de ellos debía ser liberado antes de cumplir su condena. El fallo fue aprobado por cinco votos contra cuatro.

La situación económica de California generaba desde hacía algunos años una situación de espacios para alojar a los reclusos en sus cárceles.

Actualmente hay 148,000 mil presos alojados en 33 prisiones diseñadas para unas 80,000 mil personas.

-¿Fue eso lo que causó que su amigo Diego, saliera de la cárcel?

-Lo que precipitó el asunto, fue cuando dos presos fueron apuñalados en un motín de más de 150 reos en una prisión de máxima seguridad en la ciudad de Sacramento, California. Los guardias tuvieron que utilizar gas pimienta y hacer varios disparos para recuperar el control, según contaron funcionarios de la cárcel.

-Si salgo de esta, no me olvidare de usted amigo.

-¡Pero eso no es todo!

-¿Aún hay más?

-La organización Human Rights Watch, presentó un reporte que dice que las prisiones de máxima seguridad de Estados Unidos, que albergan un mínimo de 20,000 mil reclusos, son fuente de sufrimiento, humillación y de destrucción física, mental y emocional.

Según un informe, los reclusos pasan 23 horas al día encerrados e incomunicados en celdas estrechas y sin ventanas, en las que la comida es introducida por un hueco.

No tienen derecho a llamadas telefónicas o visitas y cuando abandonan los cubículos para ducharse o pasear una hora al día, son desnudados, registrados, esposados y conducidos por guardias armados con bastones eléctricos.

-Todo estaba a favor de tu antiguo compañero, Diego.

-Los escándalos son innumerables sobre este tema.

-El Departamento de Justicia investiga las prisiones de máxima seguridad de Virginia, tras conocerse dos casos de reclusos que murieron en extrañas circunstancias, uno de ellos se suicidó a los seis meses de salir en libertad, otro, que era diabético, murió cuando sufrió convulsiones y los guardianes le negaron sus medicinas y le golpearon con sus bastones eléctricos.

En Illinois, cuatro presos de la prisión de máxima seguridad de Tamms, han presentado ante un tribunal una demanda colectiva, denuncian ser víctimas de castigo cruel y desproporcionado.

La desesperación de uno de ellos, "Azor Rasho", alcanzó tal nivel que en agosto del año 1998 intentó suicidarse cortándose las venas; los guardianes reaccionaron con total indiferencia que, en su presencia, "Rasho" comenzó a comer la carne desgarrada de sus propios brazos. Fue trasladado a la enfermería, donde le curaron, pero, al ser devuelto a su celda de aislamiento, levantó los puntos y bebió su propia sangre.

-Esto es espantoso.

-Sabia señor Martínez, que la Unión de Libertades Civiles Americanas "ACLU" ha demandado por violación de los derechos civiles a la penitenciaría de Youngstown, donde acaban de suicidarse tres presos y las sesiones de psicoterapia son administradas con los reclusos encadenados a un poste.

-Es inhumano lo que pasa en las prisiones de Estados Unidos   .

Quería seguir motivando al prisionero Brando el Italiano, como le llamaban en la prisión, para que siguiera hablando, pero el cansancio me venció. Eran las 10:00 de la noche, había pasado un día aterrador, lo que causó que me quedara dormido en la parte baja del camarote que compartía con mi nuevo amigo en aquella prisión de máxima seguridad.

Estaba medio dormido cuando escuché un fuerte sonido, me desperté asustado sin tener claro dónde me encontraba, después de unos segundos me acordé de que estaba preso junto a un peligroso delincuente en una cárcel de máxima seguridad en California, Estados Unidos. Mi compañero de celda se vestía a toda prisa, yo apenas sacaba los pies de la improvisada cama.

Cuando se dio cuenta de que estaba despierto, me dijo: Diablo.

-Usted durmió como un pajarito. Aún medio sonámbulo, le contesté:

-Tenía un cansancio enorme, pasé parte de la noche soñando con un hombre parecido al diablo.

-¿Qué soñaste?

-Le pregunté al jefe del infierno, cómo podía robar un banco.

-Eso te lo puedo contestar sin ser el diablo.

-Eso es algo que siempre he querido saber.

-Puedo decirte cuales son los pasos por seguir para cometer el robo perfecto de un banco.

-Quisiera escucharlo, adelante.

-Lo primero que tienes que hacer es seleccionar tres cómplices que sean criminales en los que puedas confiar pues tienes que evitar que te delaten o se queden con la parte del dinero robado que te corresponde. No me gusta la idea de tener socios en estos asuntos porque si las cosas salen bien, tienes que compartir todo con ellos, ahora bien, si el trabajo sale mal, tienes la ventaja de poder bajar tu condena delatando a alguno de los tres que se quisiera declarar inocente.

-El segundo paso es hacer una lista de bancos que estén ubicados en zonas apartadas de la ciudad para elegir el más solitario de todos.

-En el paso tres, te ocupas de conseguir disfraces de payasos maquillados con mucha pintura.

-El paso número cuatro es muy interesante; tienes que dejar alguna pista que inculpe a alguien, así te quitarás la presión mientras escapas.

-El quinto paso es de vital importancia, tienes que comprar varios rollos de cinta adhesiva, preferiblemente gris y de buen grosor.

-Tienes que tener presente que el número seis es de mala suerte, debes conseguir pistolas de juguete, así, si te atrapan en el momento y ten encuentran el juguetito, el cargo o la sentencia serán menores. Esto no es 100% seguro porque si la fiscalía es buena, conseguirán prisión por 35 años, que no es nada, comparado con lo que pasa si los jurados son blanquitos o viejas que juegan los domingos con sus nietos y piensan en los intereses que devengan sus cuentas de retiro.

-Nunca olvides el paso número siete; debajo de todo aquel disfraz de payaso debes tener puesta una ropa normal: camisa blanca, Jeans, zapatos brillosos, preferiblemente negros "dentro de los zapatos de payaso" y unos lentes que deben estar en tus bolsillos para cuando salgas del banco; te los pones tan pronto te quites el disfraz; de esa manera cambiarás completa e inmediatamente tu apariencia.

-Ahora viene el paso número ocho. Entras al banco totalmente disfrazado y entrando en el paso número nueve, ordenas con un tono de voz muy alto:

-¡Todo el mundo al piso!, ¡esto es un maldito asalto y si algún desgraciado quiere morir, que intente moverse!

-En el paso número diez confirmas lo que dijiste anteriormente, pero con más fuerza y mirando a quien podría ser tu primer rehén o víctima que ya esté tirado en el piso. Le hace una pregunta frente a su cara.

-"¿Te quieres morir hijo de tu maldita madre?"

-Si es posible, le das una pequeña patada en medio de la barriga, así tendrás el ambiente dominado.

-Ahora viene lo bueno, en el paso número once, tienes que decir una palabra o frase en inglés con una pronunciación correcta. Como: "Yes, o What is your problem, ¿man?". Con esto confundirás a los investigadores, ellos buscarán personas que hablen inglés perfectamente, dándote eso, mayores posibilidades de no ser descubierto pues al momento de perseguir al ladrón, irán en busca de un americano.

- Señor Brando, ¿Me quieres decir que con esos once pasos realizo un robo perfecto a un banco?

-No, tienes que dar el paso número doce, preparándote para seguir ganando terreno, también debes decir algunas palabras en alemán u otro idioma, con estas técnicas pondrás locos a los detectives del FBI, quienes buscarán europeos o gente de otras nacionalidades.

-En el paso número trece, después de que todo mundo ya este aterrorizado y petrificado en el suelo, incluyendo al guardia de seguridad desarmado, procedes a sacar una cantidad de dinero de la caja fuerte y la colocas en el baño, después metes a los rehenes. Das la indicación de que no hablen entre ellos y mucho menos de que se miren y para asegurarte de eso, pon a uno de tus cómplices a que los cuide, si tienes suerte para este entonces la policía ya habrá llegado, pero no te preocupes, es parte del plan.

-El paso número catorce, es esperar a que la policía te pida que liberes l o s rehenes y que te entregues alegando que no tienes escapatoria y cuantas mierdas más.

-Tú simplemente tomas el teléfono, hablas a la comandancia de la policía y les dices que, eres el tipo que está robando el banco y que quieres hacer un trato con ellos; diles que liberaras los rehenes si cumplen al pie de la letra cada una de tus peticiones.

-El paso número quince es el más jodido de todos, aquí le pides a la policía un pequeño refrigerador color negro con vistas cromadas, seis pares de tenis Nike, sesenta y nueve pizzas tamaño familiar, de carnes procesadas y extra de ajo para dar de comer a todos los rehenes "créeme, esto lo vas a necesitar, el extra de ajo es indispensable", pides además, veinte litros de gaseosa, un latón de pintura roja y una brocha pequeña.

-En el paso diez y seis, la policía se incomodará con tu persona debido a tus múltiples peticiones. Si no quieren darte el refrigerador o los pares de tenis que solicitaste, no te preocupes, esos no son tan importantes, pero si se niegan a darte las pizzas, la pintura roja y la brocha, ahí sí es verdad que te molestas; maldices la madre del que habla contigo y le dices que matarás a todos tus rehenes por su culpa; diles además que esto se lo harás saber a todos los medios de comunicación y así, las familias de los rehenes los culparan y querrán sus cabezas; después de esa advertencia, es 100% seguro que te suplirán el pedido.

-No sabía que para robar un banco se requería de tantas cosas.

-Espera, aún faltan unas cuantas cosas.

-¡Mierda, que trabajo más difícil!

-Ahora te explico el próximo paso. Cuando lleguen las pizzas, le das de comer a los rehenes y comes tú también. Luego tomas la brocha y le pintas los números 1, 2 y 3 en medio del pecho a cada uno; después liberas tres de los rehenes pintados que hayan comido pizza y úntalos de ajo. Después de una hora le dices que si te traen un ratón en una caja de zapatos con hoyitos para que pueda respirar, liberarás otros tres rehenes.

Aquí es que está el truco.

-Se prepararán para salir los tres atracadores que ya llenaron las cajas que tienen dentro del banco, con el dinero que estaba en las cajas de seguridad. Los ladrones nunca hablarían sobre el robo pues son unos criminales a quienes no les interesa revelar sus asuntos ya que podrían ser muy perjudicados.

-Ahora tendrás que ir más despacio; si antes duraste una hora para contestar cuando sacaste los tres rehenes pintados, esta vez tienes que tomarte media hora más pues como los demás rehenes están encerrados dentro del baño, nadie se enterará de lo que pasa realmente; la policía se desesperará y te pedirá que liberes los otros 3 rehenes como lo prometiste. ¡Sorpresa! Ahí sales tú con dos acompañantes, con cara de asustados y confundidos, lo bueno de esto es que tendrás aliento a ajo y pintado con la pintura roja igual que los primeros tres rehenes que liberaste.

-En el último paso, al salir, la policía te cuestionara, pero no sabrás ni un carajo de lo que está pasando dentro del banco así jamás pensarán que eres el responsable de todo eso.

- ¡Esto es genial, simplemente genial!

-Espera falta el remate, después de las preguntas, solo te pierdes entre la multitud y listo, ahora serás el orgulloso dueño de una gran cantidad de dinero y prendas preciosas.

-Luego que pasen tres o cuatro horas, entrará el equipo SWAT, rompiéndolo todo y gritando como locos; los verdaderos ladrones estarán fuera y felices p o r q u e , en definitiva, su plan fue todo un éxito y no serían acusados de nada.

-Pero ese plan podría traerte de regreso donde estás ahora.

-Es posible, pero lo estoy perfeccionando.

Brando el Italiano, dejó de hablar por unos segundos esperando que yo continuara indagando sobre su plan de hacer un robo perfecto a un banco.

No creí en la perfección del plan, pensé que de todas formas cometer un acto criminal como ese, era un delito que podía traerlo de regreso a la cárcel donde ahora estaba. Al ver que no seguí preguntando, se paró frente a mí y me dijo:

-Vamos a los baños públicos.

-¿Porque se pone toda esa ropa?

-Aquí hay que protegerse, si enseña mucho lo pueden atacar y violar.

-¡Seguiré su consejo!

En esta institución el peligro estaba latente en todo momento, los mexicanos dominaban casi la totalidad de la cárcel, las gangas centroamericanas ocupaban el otro territorio de la propiedad. Tenía mucha suerte, el señor Brando el Italiano, era muy respetado por ser el prisionero más viejo en esa cárcel y porque era amigo íntimo del jefe de la mafia italiana de New York.

-Saldremos por el pasillo cuando abran las puertas, si alguien te mira no le quites la vista, mantenla mientras puedas, no quiero que piensen que eres un debilucho, porque de ser así, serías para esos desgraciados, una rata de experimento.

Estaba tomando un enorme riesgo, me sentía como una rata dentro de una cárcel de máxima seguridad donde buscaba información sobre un sospechoso al que perseguía. Ese es el trabajo que debe hacer un detective privado que busca que los resultados de sus Investigaciones superen las expectativas de sus clientes.

Caminábamos por el pasillo principal hacia los baños cuando un hombre con tatuajes en todo su cuerpo me miró fijamente. No podía buscar problemas dentro de aquel recinto; seguí caminando, simulando que no prestaba atención a nada, para desviar un poco la atención de ese hombre.

Seguía las indicaciones de mi compañero de cuarto, no me apartaba de su lado en ningún momento, entramos al comedor y allí perdí de vista al hombre de los tatuajes que era la persona que más había notado mi presencia en esa cárcel.

Noté un movimiento al lado derecho de donde estaba sentado; el prisionero sentado a mi lado se paró y salió como una gallina asustada hacia el lado contrario de la mesa. Mi compañero de celda paró de comer y levantó la vista para advertirme sobre el peligro que se acercaba. Estaba confundido y asustado, un sudor frío salía por mis poros y corría por todo mi cuerpo; tenía el presentimiento de que, en aquel lugar parecido al infierno, estaba a punto de ocurrir lo peor. El hombre de los tatuajes se sentó a mi lado y dijo:

-Dicen que eres el nuevo.

-Así es.

Contesté sin mirarlo olvidando el primer mandamiento de la ley de la cárcel que es: "Mirar a los ojos a tu oponente" porque de no hacerlo, estarías demostrando superioridad o miedo.

-¡Quiero que sea mi mujer!

-¿Cuándo?

-Inmediatamente terminemos de comer.

Sin pensarlo dos veces bajé mi mano y agarré lo que le hacía un pequeño bulto en medio de las piernas, por suerte lo que agarré fue uno de sus testículos el cual retorcí fuertemente para que sintiera el inexplicable dolor que sentimos los hombres cuando esta parte de nuestro cuerpo recibe un golpe o es maltratada de alguna otra forma.

Quiso pararse del asiento, pero no se lo permití y le di un tirón que lo dejo sin aliento. Lo tenía paralizado, sudando copiosamente; seguía dándole tirones más fuertes cada vez que intentaba moverse.

En la mesa que estaba destinada para ocho personas únicamente había dos hombres sentados, uno al lado del otro, como dos amantes en un hermoso día de primavera. Se escuchaban los comentarios en voz baja que hacían los demás sobre aquel hecho; era mi gran oportunidad para ridiculizar a mi oponente frente a los demás.

-¡Abre la boca! Le dije.

-¡Juro que te matare desgraciado!

Le di un tirón tan fuerte que abrió la boca de inmediato y le metí en ella un pedazo de pan; el sujeto se sorprendió de mi osadía. En ese momento mi salvación apareció, un grupo de guardias se presentó frente a nuestra mesa y quien dirigía el grupo pregunto:

-¿Qué está pasando aquí?

-Nada Señor.

Me adelante a contestar soltando el testículo del hombre de los tatuajes que estaba rojo como un tomate a punto de podrirse. El oficial del orden siguió insistiendo.

-Niki, ¿te encuentras bien?

-Sí, señor.

Me levanté de la mesa dándole una palmada por la espalda a mi oponente Niki, y le dije en voz baja:

-La próxima vez te juro que te lo arranco.

Salí a toda prisa ante las miradas devoradoras de todos los allí presentes, había salido triunfante en mi primer encuentro, pero lo difícil del asunto era mantenerme siendo el líder por el tiempo que estuviera encerrado especialmente porque mi oponente tenía muchas condiciones para ganar si nos enfrentábamos en una pelea.

Noté que todos los reclusos que me pasaban por el lado y me saludaban inclinando sus cabezas; se había corrido el rumor de que yo era un asesino europeo que tenía varios niveles de entrenamientos en artes marciales y que, en una ocasión, le saqué el corazón a un policía con mis propias manos y no pude ser culpado del hecho por falta de pruebas.

Era viernes por la tarde, sabía que no podía mantener aquella imagen por mucho tiempo, por lo que insistí con mi compañero de celda para sacarle en poco tiempo, la información que necesitaba sobre mi perseguido, el señor Diego Sandoval.

-Tienes razón sobre lo que decías sobre ese Diego.

-¿De qué hablas?

-Salir de aquí fue una verdadera salvación para ese hombre.

-Creo que ahora está asaltando bancos junto a sus dos amigos.

-¿Cuáles amigos?

-Éramos un grupito de cuatro asaltantes quienes ideábamos como hacer los asaltos.

-¿Los otros dos también lograron salir durante el problema que se presentó por las cárceles estar llenas?

-El negro Jerry Corona y su medio hermano Sanfor Carpí, salieron unos días después que Diego, con seguridad deben de estar juntos fabricando sus operaciones para cometer otros crímenes perfectos.

-¿Es muy difícil organizar un crimen perfecto?

-Ese Diego, hacia unas escenas perfectas; apuesto a su trabajo cuando se trata de robar un banco.

Ahora tenía que encontrar la postal que le había enviado Diego, con la foto tomada en el restaurante de su hija; era lo único que me faltaba para completar mi investigación.

Cuando entramos a la celda el viernes en la noche tomé la Biblia por pensar que era el lugar más apropiado para guardar algo así; la abrí y la comencé a hojear lentamente.

En Lucas 15 encontré lo que buscaba; la postal con la foto del maldito "Diego y su hermosa hija" sonriendo con una copa de vino y brindando probablemente por la felicidad de estar juntos. Sin perder tiempo, introduje la postal dentro de mi pantalón, pero me llamó la atención el título del evangelio que hablaba sobre la oveja perdida, cuando explicaba en el sagrado libro lo siguiente:

"Una cantidad de público se acercaba a Jesús para escuchar sus palabras, los fariseos y maestro de la ley murmuraban, criticando.

Este hombre recibe a los pecadores y come con ellos, Jesús dándose cuenta de la situación les dijo:

"¿Si uno de ustedes pierde una oveja de las 100 que tiene, no deja las otras 99 en el campo para ir en busca de la perdida hasta encontrarla? Y cuando la encuentra muy feliz la pone sobre sus hombros y al llegar a su casa reúne amigos y vecinos y les dice:

"¡Alégrense conmigo porque encontré la oveja que se me había perdido! Yo le declaro que de igual modo habrá más alegría en el cielo por un solo pecador que cambie su corazón y su vida que por 99 justos que no tienen necesidad de convertirse"

Este pasaje de la Biblia reconfortó mi espíritu, salimos al pasillo para la cena mirando en todas direcciones para ver por donde recibiría el próximo de mis enamorados. El hombre del tatuaje y sus asociados se acercaban pegados a la pared por donde caminábamos hacia el comedor. Estaba marcado, no le podía ver muy bien pues no era posible hacerles frente a cinco individuos armados con dos cuchillos y fuertes brazos que triturarían mi frágil cuerpo en menos de lo que canta un gallo "como decía mi abuelo".

No podía demostrar miedo, era la única salida de aquel encuentro con el diablo en su guarida; seguí caminando para encontrarme de frente con mi atacante quien se detuvo, miró a todos lados y dijo:

-¡Quiero anunciarte que al amanecer te mueres!

-Eso está por demostrarse, amigo.

Le contesté para seguí caminando como si allí no pasara nada, el hombre quiso saltar sobre mí, pero uno de sus compañeros se lo impidió pues sabía que si me atacaba en pleno pasillo nos iría muy mal; los guardias de aquella prisión veían y escuchaban todo lo que allí ocurría. Todavía me pregunto cómo fue que salí vivo de aquel infierno.

Eran las 10:00 de la noche del viernes cuando las luces se apagaron, mi compañero de cuarto permanecía en silencio, no quería opinar para no verse envuelto en el tremendo lío en que estaba metido. Él se hacia el desentendido, me ignoraba pues s a b í a que muy pronto yo sería un cadáver; conocía la clase de enemigo que me había ganado.

Acompañados de la oscuridad, un grupo de diez agentes de seguridad entraron al pasillo principal de la cárcel, caminaban con pasos fuertes sin importarles lo que pensaran o dijeran los presos que se encontraban en las celdas de ocupación doble a ambos lados del pasillo. Cuando llegaron frente a la puerta de la celda número 11 uno de los guardias sacó una gran llave mientras con una linterna alumbraban el interior del cuarto; el guardia que dirigía el grupo, en un tono de voz muy bajo me dijo:

-Señor Martínez, recoja sus pertenencias.

De un salto salí de la cama, casi caigo en los brazos de aquel hombre vestido de guardia; en su cara había una sonrisa de payaso. Era el director de la cárcel quien entraba a mi cuarto; una vez allí preguntó:

-¿Tengo que hacer algo adicional dentro de esta celda?

-No es necesario señor, aquí está todo en orden.

Contesté sin vacilación para que el señor Anthony Frade, director de la cárcel, se diera cuenta que había conseguido lo que andaba buscando.

-Vámonos que se hace tarde.

Salimos de aquel infierno y no me despedí del señor Brando el italiano.

Llegamos a la oficina del jefe de prisiones quien me trato con mucha cortesía. Me pidió disculpas por la broma de mal gusto que me había hecho al meterme por dos días en la cárcel haciéndome que me enfrentara a un peligroso criminal quien juro asesinarme esa noche.

Después de liberarme, pasé por el hotel donde me preparé para salir hacia Miami, Florida, donde ahora tenía que dedicarme a la cacería del hombre de quien además de conocer sus antecedentes, tenía una foto que me ayudaría en la búsqueda. Esta vez tenía que organizar una estrategia diferente pues era necesario poner al FBI en conocimientos de lo que había descubierto sobre el hombre llamado Diego

Ángel Martínez

"la inteligencia policial se basa en la colaboración y el intercambio de información".

Thomas Jefferson

7

LOS FEDERALES

Después de llegar a Miami comencé los preparativos para visitar las instalaciones del FBI, en el sur de la Florida

Cuando se solicita una reunión con los federales hay que ir preparado para entregarles la mayor información posible del caso a tratar y si piensas que ellos te soltaran una sola pista en tu provecho está muy equivocado.

Los agentes están entrenados para meterte lo más profundo posible dentro de cuatro paredes adornadas con fuertes rejas donde te sacarán toda la información que tengas, es su forma de proceder, "todo para la agencia".

No es mi intención que mis lectores mal interpreten mis opiniones sobre el FBI, por lo que aclaro: Esta institución cuenta con agentes muy serios que cumplen con su trabajo cabalmente, pero tengan claro que un policía siempre será un agente de la ley, está en ese puesto y fue entrenado para hacer cumplir la ley.

Puedo dar testimonio de que mi buena relación con esta agencia ha dado frutos importantes debido a la audacia, inteligencia y capacidad de un hombre que por largos años se robó la admiración de la cúpula criminal de la Florida, por cumplir con todos los acuerdos que hacía con ellos para que se pasaran hacia el lado de la Ley. Este súper agente del FBI, se llama Manuel Fernández, "Nombre ficticio de: M.F"

Llegué a las instalaciones del FBI y en el cubículo de la entrada del segundo piso, le pedí a la recepcionista que me anunciara con el agente especial Manuel Fernández, quien después de recibirme, me hizo pasar a un cuarto donde tendríamos una conversación privada. Entrando en detalles inmediatamente:

-Estoy haciendo una investigación en un caso en el cual creo, ustedes tienen un inocente que parece culpable de atracar un banco.

-¿Cuál es el nombre de esa persona?

-Se llama Dante Antonio Hank.

-Conozco ese joven

-Es un excelente joven.

-¿Qué tienes que decirme sobre este caso?, revisé las evidencias, sin dudas es culpable del hecho.

-Creo que es inocente.

-Demuéstramelo, pero en este caso no quieras pasarte de listo.

-Solo tengo una sospecha.

-Con eso no puedo llegar a la corte para demostrar la inocencia de este hombre y tú lo sabes.

-Creo que es deber de ustedes revisar un caso cuando hay una injusticia.

-¡No me vengas con tonterías, sabes que vivo muy ocupado, no me hagas perder el tiempo!

-Te noto irritado.

-Así es.

-Creo que te hace falta un poco de sexo.

-¡Cosa que tú no me puedes dar!

No importa la amistad que te una a un agente del FBI, ellos cuidan su posición, porque de eso depende la eficiencia de su trabajo.

-Haremos una sola cosa en esta reunión.

-Adelante.

-Te dejaré algunos nombres y si te interesa me llamas.

-¿De qué estás hablando?

-¿Recuerdas un hombre llamado Diego Sandoval?

Le di por donde quería, cuando escuchó ese nombre, su cara lo delató, no pudo evitar esa expresión de sorpresa. Se apoyó en el espaldar de la silla donde estaba sentado; cuando evaluó la posibilidad de que yo podía tener información sobre este personaje, me preguntó:

-¿Qué sabes de ese hombre?

-¿Te interesa?

-Podríamos decir que el FBI está interesado en saber que tanto conoces de este criminal.

-Ando tras su pista.

-Vienes al sitio equivocado amigo.

-Este hombre es un peligroso asaltante de banco que estuvo preso en California, junto a tres compañeros de su misma clase. Lo curioso del caso es que sus compañeros: Jerry Corona "el negro" y Sanfor Capi, que son medios hermanos, salieron de la cárcel unos días después que él. Brando el Italiano, un prisionero al que visité por unos días en su celda, me contó que ellos hacían ensayos para cometer el crimen perfecto, al robar un banco cuando salieran de prisión.

¡Mierda, siempre te subestimo amigo!

-Busca los expedientes actualizados que ustedes tienen de estos tres atracadores y pide permiso a tus superiores para que discutamos el caso en igualdad de condiciones.

Sin decir más nada, salí del salón donde estábamos reunidos; el agente sabía que si hablaba con tanta propiedad era porque tenía más que una sospecha. Si quieres que el FBI te tome en serio, solo suéltale algo sobre lo que ellos tienen en sus archivos.

Por el momento tenía otras cosas por hacer; cuando Salí a las calles localice el restaurante de la hija de Diego Sandoval, tomé algunas fotos del estacionamiento para luego estudiar cual sería el mejor sitio para hacer vigilancia y ver los autos y personas que llegaban al lugar.

Después de aquel trabajo de campo como le llaman los agentes a este tipo de faena, decidí salir del área para estudiar los últimos acontecimientos del caso.

Si le ponía vigilancia al lugar y me detectaban, mi vida estaría en peligro pues estos criminales son muy especiales, están dispuestos a matar cuando se sienten atrapados o perseguidos; por otra parte, no quería que se escondieran.

La mejor opción sería conquistar uno de los dos empleados que hacían el trabajo de parquear. Los autos de los visitantes del restaurante que nos interesaba eran muy llamativos o demasiados lujosos. Tenía que estudiar cuál de los dos empleados de estacionamiento era el indicado; un buen investigador antes de arriesgarse debe tener todo bien calculado.

Inicié haciendo una investigación profunda de los dos empleados del estacionamiento y me decidí por uno que era estudiante de Justicia Criminal, en Nova University, quien era de muy escasos recursos económicos y hacía ese trabajo para costear parte de sus estudios ya que tenía una media beca que le otorgaba la Universidad.

Teníamos que acercarnos al joven con mucho cuidado porque no sabíamos que familiaridad o amistad podía tener con los dueños del restaurante, por lo que pensé que mi asistente Alex, ayudada con una falda por encima de las rodillas, tendría que lucir algo más que sus hermosas piernas.

La dama en su flamante auto Mercedes-Benz, C63AMG Sport Sedan 2015, valorado en $58.000.00 mil dólares, alquilado, por supuesto, esperaba a mitad de la cuadra desde donde podía ver totalmente los movimientos de los dos empleados en el estacionamiento; inmediatamente el compañero de su objetivo se ocupó, mi asistente Alex salió disparada en busca del jovencito, quien, al verla, se paró frente a la puerta del auto para abrirla; esta era una oportunidad de oro para una buena investigadora.

Alex lo miró con una sonrisa, acto seguido saco la pierna izquierda de su carruaje con el único propósito de que su objetivo se fijara en sus zapatos de tacones y en la abertura de sus piernas que mostraban unos vistosos pantis, de la marca "Victoria's Secret".

Esta destreza de la investigadora lo dejó fuera de control, lo que ella aprovecho para decirle:

-Si es posible, quisiera que solo tú te encargues de mi auto.

-De acuerdo señorita, lo estacionaré en el área "VIP"

-Como gustes.

La joven salió de su flamante automóvil dejándole el motor encendido, luego de encontrarse cerca de la puerta del restaurante y mirando fijamente al joven que todavía observaba el tongoneo de la bien formada chica le preguntó:

-¿Cómo te llamas?

-John.

-Gracias.

John siguió con la mirada el caminar que llevaba la jovencita hacia el centro del establccimicnto.

La dama fue acomodada en una de las mesas y pidió todo lo que le parecía apetecible del menú; tomó un aperitivo cuyo nombre nunca supo pues prefirió que el mesero que le atendía la sorprendiera con una exquisita bebida.

Dejó una buena propina sobre la mesa y salió del lugar; le hizo una señal a John, para que se acercara.

-¿Cuánto cuesta el estacionamiento?

-$20.00 dólares señorita.

-¿Me podría acompañar a mi auto?

-Con mucho gusto.

La caminata no era muy larga por lo que mi asistente Alex, tenía que aprovecharla al máximo, el joven jugaba con el llavero de la supuesta dueña del automóvil; se acercó al auto y abrió su puerta desde una distancia prudente.

-¿John, crees en la suerte?

-No me gusta apostar.

-¿Me creerías si te digo que hoy es tu día de suerte?

-Es posible.

-¿Cuál es tu día libre?

-El que usted quiera señorita.

-Ja, ja, ja buen sentido del humor, eso me gusta.

John, pensó que acababa de hacer una conquista, se acomodó el pelo que le cubría parte de la cara, con esto envió a la dama el mensaje, entendía que ella lo estaba coqueteando, provocando y ofreciendo un acercamiento con fines sexuales.

-Tengo libres los lunes y los martes

-¿Podemos tomar un café juntos, el próximo lunes?

-¡Por supuesto!

-¿Me puedes dar tu número de teléfono?

Sin contestar, el joven sacó un boleto de los que usaba para dar la numeración de los autos que estacionaba, anotó allí el número de su celular y se lo pasó a la hermosa dama, quien lo tomó con una sonrisa de triunfo que dejo a John cautivado totalmente.

El contacto estaba hecho, ahora solo era cuestión de esperar. Teníamos que poner vigilancia frente al restaurante donde era muy posible que apareciera Diego Sandoval y sus amigos criminales.

Para que la investigación tuviera frutos requería recursos los cuales podía conseguir de dos fuentes: el Señor Dante Hank "o" el FBI. Tome el teléfono haciendo la primera llamada:

-Señor Hank, se requieren un poco de recursos, la investigación está teniendo resultados magníficos.

-¿Cuánto necesita?

-Para no molestarlo con frecuencia, creo que estaría bien con $25.000.00 mil dólares. seria.

-Quiero resultados, no importa lo que tenga que gastar.

-No me diga eso, no sea que abuse de usted.

-En el poco tiempo que tenemos conociéndonos me di cuenta de que usted es una persona

-No se confíe señor, le recuerdo que quienes opinan que el dinero todo lo puede, sin duda están dispuestos a todo para conseguirlo.

La segunda fuente para conseguir recursos podía ser el FBI, por lo que procedí a llamar mi contacto, que con seguridad estaría muy intrigado con mi investigación sobre este criminal en particular. Entre en detalles de lo importante que era vernos:

-¿Puedo verte?

-Tengo varios días esperando esta llamada que, sin lugar a equivocarme, es para solicitar recursos para costear tus aventuras.

-Tengo en mis manos algo más que sospechas, si colaboras conmigo, puedo entregarte ese grupo de criminales en bandeja de plata.

El agente del FBI no tenía que sumar mucho, ni hacer demasiados cálculos, sabia de sobra que una buena investigación no se puede llevar a cabo si no se cuenta con recursos traducidos en dinero, efectivo.

-No quiero negarte que estamos interesados en las personas de las que me hablaste, pero quiero que las cosas se hagan a nuestra manera, no a la tuya.

-Los dos tenemos el mismo fin.

-¿Tienes algo en concreto?

-Si.

-Tú sabes que no puedo ir donde los jefes con solo sospechas

-En estos momentos estoy trabajando en la identificación de los sospechosos.

-¿Los tienes ubicados?

-Estoy en vigilancia.

-Te consigo recursos con una condición.

-¿Cuál?

-Que cuando veas o localices a Diego, me avises, es de mucha importancia para esta oficina tener ese criminal bajo vigilancia

-Trato hecho

-¿De cuánto dinero estamos hablando?

-Se necesita, $100,000.00 mil dólares para gastos operacionales

-¡Estás loco!

-No lo estoy.

-Con todo ese dinero llenaría las cárceles del Estado; arrestaría criminales por camiones.

-Hablaré con otra agencia del gobierno, ya veo que ustedes, disque los mejores, se están muriendo de hambre.

El FBI, les inculca a sus empleados que ellos son la elite del gobierno federal, por esa razón cuando quieres lograr algo de ellos, tienes que decirles, con mucha cautela, que hay otros que pueden hacer lo que no hacen y darle un poquito de celos profesional para que puedan ceder.

-Hablaré para conseguirte la mitad de lo que pides

La burocracia que tiene el Departamento de Estado en Washington es la causante de que los terroristas nos estén dando por donde más nos duele.

-Tú sabes cómo se manejan los hilos del poder, todos quieren brillar con luz propia.

-Cuando tengas los recursos me llamas.

-¡Espera un momento!

-¿Qué hice ahora?

-¡No soy tu banco, quiero que estés bien claro en eso!, conseguiré ese dinero, pero quiero un reporte bien detallado sin que olvides anotar todo sobre el desarrollo de la investigación.

Ahora tenía lo que se necesitaba para seguir tras los pasos de mi objetivo, debía ser más inteligente y cuidadoso que todos ellos, agentes y delincuentes.

Llamé a mi asistente Alex, para que siguiera adelante con el proyecto de vigilancia que teníamos montado frente al restaurante de la hija de Diego Sandoval. La cita estaba hecha, solo faltaba darle los toques finales a la planificación del encuentro. Debíamos cuidarnos de que John, no se nos convirtiera en un doble informante.

Alex y John confirmaron una cita, la que el joven suponía era para iniciar un romance. Mi asistente tenía luz verde para actuar dependiendo de cuáles eran las motivaciones y el interés que, a su entender, podía tener este joven en el caso cuando la conversación tomara rumbo sobre el camino de nuestro interés.

En el encuentro, John y Alex, se trataron con confianza y con mucha familiaridad, como si se conocieran hace varios años.

-¿Cómo te sientes John?

-Muy bien señorita.

-No quiero que vuelva a llamarme señorita, mi nombre es Alex

-Gracias.

El joven, aunque confiado se veía un poco nervioso, mostrando timidez al contestar las preguntas de Alex.

-Cuando te conocí, me dijiste que no creías en el destino.

-Hablamos de eso.

-Has memoria.

-Sí, ahora lo recuerdo.

-En ocasiones se nos presentan oportunidades que dejamos pasar por diferentes motivos.

-Esto quiere decir que usted me ofrecerá alguna oportunidad.

-Me gusta hablar con personas inteligentes.

-¿Puedo ser sincero?

-Esa es una de las cualidades que me gustan en un hombre.

-Cuando la conocí me cambió la vida, me enamoré de usted a primera vista, como un quinceañero.

-Ese no es malo.

-¿Usted cree?

-Sí, el amor es el sentimiento más hermoso.

-¿Porque no vamos directo al grano?

-¿Qué tendríamos que tratar?

-No comprendo, fue usted quien dijo que le interesaba hablar conmigo.

-Eso no es cierto.

-¿Qué fue lo que me quiso decir?

-Dije que me gustaría tomar un café contigo.

Mi asistente estaba tanteando al joven, esperaba el momento oportuno para iniciar con el tema que nos interesaba tratar. Coordinar la estrategia de la vigilancia que haríamos frente al restaurante.

-Es cierto, solo dijo eso.

-¿Cuánto ganas en tu trabajo?

-¿Usted trabaja en asuntos de impuestos?

-No, ja, ja, ja, solo tengo curiosidad.

-¿Por qué?

-Un joven inteligente, elegante y educado como tú debiera hacer otro tipo de trabajo.

-¿Cómo cuál?

-Trabajo en el departamento de seguridad de una firma de abogados y me gustaría tenerte en nuestro grupo, veo un buen futuro en tu aura.

-¡Que sorpresa!

-¿Cuál?

-No sabía que era bruja.

-Solo veo el futuro en las personas que me interesan.

-Soy estudiante de medio tiempo y tengo algunos conocimientos sobre las cosas que usted hace en su trabajo.

-Ahora suena más interesante. ¿Qué estudias?

Sabía todo sobre el joven, pero esta pregunta era muy importante para llevar la conversación por el rumbo que deseaba, Alex.

-Justicia Criminal en, Nova University

-Si te interesa, puedo pedir a mi jefe te dé un trabajo que puedas hacer en tu tiempo libre.

-Me interesa.

-Esta es la dirección de la oficina donde trabajo, te espero allá el lunes después de las 10:00 de la mañana.

-Estaré puntual.

-Una cosa más.

-Si.

-Te pido discreción, trata de no comentar mi ofrecimiento.

-Cuente con mi silencio.

La carnada ya estaba en el anzuelo, si el pez la picaba tendríamos un espía frente al restaurante en menos tiempo del que había pensado.

La conversación de los jóvenes continuó por el rumbo deseado por John, quien seguía pensando que el amor le había llegado sin saber cómo. Tenía frente a él una mujer más hermosa que la que había imaginado en sus fantasías, cuando soñaba que recorría aquel hermoso cuerpo de pie a cabeza y sentía el contacto de sus húmedos labios, que temblaban de placer, cuando rozaban sus piernas imaginariamente, eso lo podríamos llamar suerte.

El lunes en la mañana toda la atención estaba puesta en la llegada del futuro empleado. El joven John, entró al lobby, la secretaria le pidió que tomara asiento y luego anunció

su llegada. Después de unos 15 minutos de espera el jovencito pasó a la oficina de Alex, quien saludó a su visitante con un efusivo abrazo.

-Espera un momento, llamaré a mi jefe.

Alex, salió por el pasillo para avisarme que John, había llegado; de inmediato, en compañía de Alex, me dirigí a la oficina donde se encontraba. Él se levantó de su asiento cuando aparecí por la puerta; eso mostraba que estaba frente a una persona educada.

-Mi nombre es Ángel Martínez, soy el jefe de Alex, ella me dice que usted está calificado para trabajar en nuestra institución.

-Sí Señor.

-Lo primero que le digo es que, el trabajo que hacemos es sumamente confidencial por lo que, no puede hablar con nadie sobre lo que hacemos.

-Puede contar con mi discreción señor Martínez.

-Lo que le acabo de decir significa que, si nos enteramos de que comentó algo con alguien sobre su nuevo trabajo, será despedido sin contemplación.

-Entiendo señor.

-Usted se reportará directamente a Alex. ¿Tiene alguna pregunta que hacerme?

-No señor.

Teníamos el eslabón que faltaba para dar con el paradero de Diego Sandoval y sus cómplices.

Le di instrucciones a Alex, de que fuera despacio en este asunto para no darle a conocer nuestros propósitos de inmediato.

"Cuando se castiga a un inocente nace un malvado".

Víctor Hugo

8

LA HIJA DEL MÁS BUSCADO

Digna Sandoval, se había graduado de medicina en la prestigiosa Universidad de Michigan. Esta es una universidad pública de los Estados Unidos, ubicada en el estado de Míchigan, cuyo campus principal se encuentra en "Ann Arbor" y tiene otros campus menores en "Flint y Dearborn". Fue fundada en el año 1817 veinte años antes de que Míchigan se convirtiera oficialmente en Estado.

A pesar de ser una institución pública, la Universidad de Míchigan es conocida por las altas cuotas pagadas por los estudiantes; las becas a estudiantes extranjeros son las más costosas en el país.

Lo extraño del caso era que esta joven, tres años después de su graduación como médico, había incursionado en el campo de la gastronomía instalando un restaurante de lujo en el centro de Miami Beach. El establecimiento contaba con una clientela fija de personas de la alta sociedad, quienes frecuentaban el lugar en busca de buena comida y exquisitas atenciones.

La zona de la playa en Miami Beach es visitada todos los años por unos 25: millones de personas de diferentes partes del mundo.

El clima de Miami es subtropical, fresco, con veranos suaves, húmedos, e inviernos fríos y secos.

Digna Sandoval quedó marcada cuando su madre la llevó a la cárcel a conocer a su padre. La joven estrechó sus lazos de amor con su padre, de tal manera que su mente y comportamiento estaban atados, no había día que no tuviera algún motivo para pensar en su progenitor, Diego.

Nuestra Investigación arrojó que Digna Sandoval, sobornó a un político del estado de California con, un millón de dólares para que incluyera su padre en la lista de los presos que se indultarían por falta de espacio en las cárceles del Estado.

Recopilamos toda la información posible sobre esta mujer de ojos saltones, estatura mediana y cadera ancha, la que destacaba en su caminar con movimientos que cualquier hombre podría poner atención.

Sus estados de cuenta bancaria mostraban altos balances; estos documentos los suministró John, nuestro nuevo agente encubierto que operaba dentro de su establecimiento. Confirmamos con distintas fuentes que ella era bisexual, tenía una novia que era gerente de un banco y un novio policía; esto último complicaba las cosas pues su novio, podía ponerla en contacto con el sistema judicial filtrando información de suma importancia creando un camino de sobornos incalculable ya que en Miami tiene una historia de policías corruptos impresionante por eso cuando un policía aparece en alguna escena de investigación y es en Miami hay que sacar la primera alertas aunque eso pasa solo en algunos casos.

Esta súper mujer era poderosa por el dinero que tenía, sus relaciones políticas, policiales y por la vigilancia que mantenía para proteger a su padre y a los criminales que él dirigía, pero como la teníamos intervenida sin que se diera cuenta, llevábamos un poquito de ventaja sobre sus trabajos o planes inmediatos.

Teníamos que dirigir cuidadosamente a John, quien por la emoción de estar haciendo el trabajo de espía podría estropearlo todo si se dejaba descubrir. El joven estaba muy entusiasmado en sus dos primeras semanas en nuestra oficina. Lo teníamos entretenido trabajando en el análisis de un caso que estábamos llevando contra una compañía tabacalera, sobre un estudio publicado en Internet por la American Journal of Public Health "Revista Norteamericana de Salud Pública" que revela que las compañías tabacaleras han ocultado información sobre la presencia de veneno mortal radioactivo, polonio 210 PO-210 en el tabaco y en el humo de este.

Con esta tapadera o entretenimientos en ocasiones Alex le ponía algunas obligaciones que eran las que verdaderamente nos interesaban. El llame para que tomara algunas medidas que se requerían en el caso.

-Dale a John, los datos de las cuatro personas que nos interesan: Diego, Sanfor, Carmen y Jerry.

-¿Es muy arriesgado ponerlo en conocimiento de todo?

-Solo muéstrale las fotos de los sospechosos y jamás le digas que la dueña del restaurante, la señorita Digna, es hija de Diego.

-De acuerdo jefe.

Mientras menos información le das a un informante, más se consigue de él. El joven John, nos servía de mucha ayuda por la valiosa información que nos traía del lugar vigilado. Comenzó sacando algunas correspondencias de importancia como son: Las conciliaciones de las cuentas de dos bancos, en especial, cuentas con balances de $3.5 millones en el Bank of América y $1.7 millones en el Chase. Cuando obtuve esta información se me despertó una gran inquietud.

Tomé la determinación de analizar el modo de operación que se usó en el robo donde supuestamente había actuado nuestro cliente, Dante Antonio Hank. Alex, no entendía por qué gastábamos tiempo en algo sin importancia, pero yo no compartía su opinión.

-El día del robo al Banco, en el que involucraron al joven Hank, dos clientes habían pedido que le reservaran las sumas de $375.000.00 mil y $225.000.00 mil dólares, que pasarían a recoger cerca de las 10:00 de la mañana.

Esta situación, era la razón por la que había tanto dinero en caja cuando se efectuó el atraco. Ahora tengo que investigar si esos dos clientes son los mismos que efectuaron el asalto o si estaban relacionados con el mismo.

-Jefe, ¿me quiere decir que cuando alguien va a cambiar un cheque o a hacer un retiro por un monto alto, tiene que llamar al banco con un día de anticipación para que tengan el dinero disponible?

-Así es, el banco pide ese dinero a la Reserva Federal, quienes lo envían en un camión blindado, antes de que el cliente "que por alguna razón especial solicito dinero en efectivo" llegue a la sucursal para retirar esa gran suma.

-Tenemos que descubrir la planificación que están haciendo para hacer el próximo asalto, es donde tenemos que trabajar.

-Estoy casi seguro de que Digna, está involucrada en los asuntos de su padre.

-Esto me hace pensar, ¿cuáles bancos serían sus próximos objetivos?

-Hay que investigar estos dos bancos.

-¿Por qué cree que son los posibles objetivos?

-Esos criminales están planificando otro asalto y lo lógico sería tener cuenta en esos bancos o tener como cómplice algún empleado de esas instituciones.

Este caso nos tenía con los nervios descompuestos, veíamos conspiración en todas partes y pensábamos que el crimen se efectuaría pronto. Tenía que fijar mi atención al viernes pues la mayoría de los atracos a bancos en los Estados Unidos, tienen lugar los viernes entre 9:00 y 11:00 de la mañana. Esa es una conclusión a la que llegaron los expertos del FBI, tras analizar las estadísticas de robos del año 2010.

En casi todos los casos, según los datos del FBI, los atracadores utilizan el siguiente esquema:

Llegan a la sucursal de un banco y exigen a los cajeros que les entreguen el dinero amenazándolos con armas. A menudo los ladrones exponen sus requerimientos de manera escrita, en notas que pasan a los empleados.

En el año 2010 hubo 5,546 Asaltos a bancos y otras instituciones financieras   en Estados Unidos, según los datos que el FBI publicó el martes, 5 de abril del año 2011. El mayor número de robos se cometió en California 805 atracos, mientras que Texas ocupa el segundo lugar con 464 Asaltos bancarios.

El monto de dinero robado en el año 2010 supera los $43.000.000 millones de dólares, de los que sólo $8,000,000 millones han sido recuperados.

Teníamos que prestar atención a cualquier detalle que nos llevara a detectar la presencia de los criminales que buscábamos. Me llamó la atención un robo donde la policía anunciaba por sus frecuencias de radio que estaba buscando a los ladrones que chocaron sus vehículos contra la vidriera de una tienda Gucci, ubicada en el centro comercial [The Village of Merrick Park], poco antes del amanecer de ese lunes.

Según los investigadores de la policía, después de impactar los cristales del establecimiento, los malhechores se robaron decenas de bolsos, cuyos precios fluctúan entre cientos y miles de dólares.

Tres vehículos fueron vistos abandonando el lugar a toda velocidad poco después del incidente que tuvo lugar a las 5:23 de la mañana. El valor estimado de los artículos robados todavía no ha sido determinado por la policía de Coral Gables, en Miami decía el reporte cuando lo obtuve.

Tras alertar la policía de las ciudades cercanas sobre lo sucedido, la policía de Miami informó que encontró un vehículo lleno de mercancía de Gucci, en su área, dijo el sargento Janette Frevola, portavoz de la policía de Coral Gables en Miami, Florida, Estados Unidos.

Un hombre fue detenido, y está siendo interrogado por las autoridades, apuntó la agente Frevola. Detectives de Coral Gables, dijeron que esperaban que las videocintas de las cámaras de vigilancia de algunas de las tiendas del centro comercial los ayudaran en el caso.

Todo era posible, pero este no era el modo en que operaba un ladrón profesional, consideramos que este es un hecho cometido por principiantes que estaban en busca de unos dólares. Todo había que investigarlo, esa era una de las razones por lo que escuchábamos todos los días la frecuencia de la policía en busca de pistas que nos llevara donde estos criminales tuvieran presencia.

"Lo gracioso es que estando afuera de prisión era un hombre honrado, recto como una flecha. Tuve que entrar en prisión para convertirme en un criminal".

Tim Robbins
Frase de la película: "Cadena Perpetua"

9

UN NUEVO ASALTO

Teníamos puesta vigilancia en los dos bancos donde Digna Sandoval, tenía sus cuentas; vigilábamos desde las 9:00 de la mañana hasta las 4:00 de la tarde; había un investigador en cada punto. Todo lucia normal por los reportes que llegaban a mi oficina. Lo que sí nos sorprendió fue cuando John, nos comunicó que había identificado al hombre llamado Diego, que, para su sorpresa, era el padre de Digna Sandoval, la dueña del restaurante donde trabajaba.

Inmediatamente Alex recibió la llamada de su empleado salimos para el lugar donde estaban los criminales reunidos; se encontraban en uno de los salones traseros del restaurante. Me acerqué totalmente disfrazado con una estupenda peluca con mechones de cabellos pintados de blanco aparentando ser un viejito lleno de canas, totalmente inofensivo, simulando ser un pordiosero o desamparado que vivía en las calles.

John, me entrego la llave del auto en que llego Diego y su acompañante, quien resultó ser la amante del perro dóberman. Sí, se trataba de Carmen Loaiza, la ex esposa del abogado Julián Trenton.

En el estacionamiento encontré un Porsche 911. Carrera 4 GTS, familia del 911 GTS, motor bóxer de 3.8 L. Con potencia de 408. CV a 7300 RPM, el que revisé por todos lados.

Quien manejaba este auto era un profesional, ya que solo tenía en la guantera el documento del local donde fue alquilado.

La reunión el 17 de septiembre en horas de la noche duro unas cuatro horas. Hubo un banquete de comida y muchas risas, en un ambiente totalmente privado. Al salón solo entraron dos mujeres: Digna Sandoval y Carmen Loaiza, quienes servían a los tres invitados.

Desconocíamos el motivo de la celebración, pero de lo que sí estaba seguro, era de que muy pronto estos criminales actuarían. Me ubiqué en un sitio estratégico para tomar algunas fotos de los invitados al festín. Cuando eran las 11:00 de la noche salieron todos al mismo tiempo, lo que fue un gran error de quien dirigía este grupo pues una foto donde aparecieran todos juntos, los ligaba uno al otro en el caso de que, en un futuro alguno fuera arrestado.

Mi cámara de infra rojo, con vista nocturna se encargaba de hacer su trabajo, tomar fotos en la oscuridad. Salieron en dos autos, Alex siguió uno mientras yo seguí al que más nos interesaba, el que conducía Diego Sandoval; la sexy Carmen, le acompañaba. Tomaron una carretera totalmente desolada, se dirigían hacia los cayos de la Florida, esto lo hacían con el objetivo de detectar cualquier intruso que estuviera pegado a su cola. Al darme cuenta de su propósito, decidí dejarlos ir, no podía dejar que estos maleantes me descubrieran, dejarlo ir era parte de nuestra estrategia según la experiencia acumulada en otras vigilancias o seguimientos.

En la mañana del viernes 24 de septiembre, cuando me desperté pensaba en que no había oído nada acerca de los criminales bajo investigación, pero a las 9:00 de la mañana sonó mi teléfono insistentemente; aparentemente mi asistente Alex, tenía un serio problema.

-¿Qué pasa?

-¡Tenemos acorralados a esos desgraciados!

-Habla claro, no entiendo.

-Encienda el televisor y se enterará.

Como un león hambriento, salté para tomar el control remoto de la televisión y enterarme de lo que estaba aconteciendo.

Había un asalto en progreso frente a las narices de uno de mis investigadores, quien hablaba tan rápido que pensé que le había dado un ataque de nervios. Las noticias decían lo siguiente:

"Reportan toma de rehenes en Banco de Estados Unidos"

Cable News Network. CNN Miami. El robo de un banco en Coral Gables, Florida, se ha convertido en una situación con rehenes y la policía mantiene acordonada el área cerca de la Universidad de Miami, informó este día la televisión local. Las autoridades rodearon el banco después de que un hombre entró afirmando que tenía una bomba; la policía dijo que se trata de una situación en la que hay rehenes. De acuerdo con el reporte del canal de televisión 7 WSVN, según la policía, el hombre entró a la sucursal del Bank of América a las 8:15 de la mañana del viernes 24 de septiembre y se niega a salir o hablar con las autoridades.

La policía cerró la vital avenida US1 en ambos sentidos.

Los estudiantes de la cercana Universidad de Miami recibieron instrucciones de mantenerse alejados de

Los criminales llegaron al lugar como a las 5:00 de la tarde; tenían el plan de secuestrar una persona dentro de su casa, la vigilancia fue constante, pues había que esperar el momento oportuno guiándose por lo trazado en el plano. Eran las 7:00 de la noche cuando el vigilante [De los Criminales] reporto que una mujer salía del apartamento del hombre que vigilaba y que tenía la seguridad que era Gladys, la madre del objetivo principal, empleado del banco que habían seleccionado Asaltar

Todas las vigilancias son aburridas y peligrosas; quién vigila se arriesga a ser visto por cualquier persona que saque la cabeza por una ventana. Si el cuidadoso observador piensa que es sospechoso ver un hombre o una mujer sentado/a por mucho tiempo dentro de un vehículo, se le puede ocurrir llamar la policía, con esta posible acción se le termino su vigilancia

El tiempo transcurría, eran las 11:15 PM, y el padre de un empleado bancario, cuyo nombre era Juan Uscamayta, se encontraba en la sala de su apartamento el cual compartía con su esposa y su hijo.

Estaba en la sala, frente al televisor, viendo las últimas noticias, cuando alguien tocó la puerta. Sin ningún tipo de precaución se dirigió a la puerta la cual abrió confiado pues pensó que era su esposa que regresaba temprano de su trabajo, el cual hacía en horario nocturno en un hospital cercano.

Las armas de fuego puestas frente a su cara lo aterraron. Los intrusos sabían exactamente lo que buscaban.

-¿Dónde está su hijo?

-No tengo niños.

-¡Repetiré la pregunta por última vez, si no contesta con la verdad será lo último que escuche en su vida viejo de mierda! ¿Dónde está su hijo Juan, el que trabaja en el Bank Of América?

Una pistola gruesa y negra permanecía frente a la cara del anciano. Era demasiado tarde para ocultar a su hijo quien se encontraba en la habitación preparándose para dormir. El joven, cuando escuchó que un hombre hablaba con su padre en forma amenazante, saltó de la cama y tomó el teléfono, pero no le dio tiempo de llamar a la policía porque un bandido de color, ya le había puesto una pistola en la cabeza.

-¡Si no quiere morir, suelte el teléfono!

El joven Juan, fue sacado a empujones de su habitación y llevado a la sala donde se encontraba su padre, sentado en el sofá con ojos desorbitados por el susto. Pensaba que esos tres individuos que entraron a su apartamento tenían intenciones de hacerle daño o robarle.

Eran las 12:00 de la media noche del viernes 24 de septiembre cuando estos acontecimientos se desarrollaban en un barrio de apartamentos en el complejo Nob Hill, 9800 de la calle 88 del suroeste, en Kendall, Florida.

Los asaltantes se movían como si conocieran bien el área y se mostraban muy seguros; esto preocupó a las aterradas victimas que desconocían el móvil de aquel atropello hasta que el jefe de los intrusos dijo:

-Esto es un asalto, no quiero hacerles daño, pero si no cooperan les juro que será lo último que verán sus ojos. ¡Los mataré!, ¿entendieron?

El viejo, hombre que tenía más experiencia que su hijo, prefirió callar para que el sujeto no continuara con sus amenazas, pero el hijo, completamente nervioso dijo:

-¡Pueden llevarse todo, pero no le hagan daño a mi padre por favor!

Había cometido el primer error. Cuando se estás en una situación de peligro frente a cualquier criminal, jamás le dejes saber cuál es tu debilidad pues esa será la que usaran los atacantes para presionarte.

El grupo de Asaltantes se dio cuenta que el padre del empleado del banco era el punto por donde tendrían que apretar para sacar buenos resultados. El que dirigía el grupo dijo:

-Queremos el dinero del banco, no le pasara nada a tu padre, pero tienen que tranquilizarse. Nos quedan unas largas horas de trabajo y este joven tendrá que hacer la parte más fácil de todo esto.

El hombre fuerte y enmascarado quien dirigía el grupo de criminales hablaba pausadamente y daba instrucciones muy claras; confirmaba sus intenciones y decía que bajo ningún concepto cedería. Jorge Uscamayta, el padre de Juan fue atado de pies y manos con unas cuerdas; el mismo procedimiento fue aplicado a su hijo y los tiraron en el sofá de la sala donde se encontraban todos reunidos.

Las horas pasaban mientras los atacantes se preparaban comida que sacaron de unos paquetes que uno de ellos trajo en una salida que hizo. Después que pasaron las primeras cinco horas de martirio, dentro del apartamento asaltado, los atacantes se pusieron en movimiento.

De una caja de cartón, sacaron un chaleco negro que contenía algunos alambres, dos baterías que daban corriente a un circuito de pequeños bombillos navideños que encendían cuando apretaban un control remoto, lo que aumentaba el pánico en los dos hombres atados sobre el sofá.

El artefacto fue colocado como una camisa en el cuerpo del joven Juan, en presencia de su padre, quien casi moría de un ataque cardiaco pues su presión sanguínea no paraba de subir.

A las 7:45 de la mañana de aquel funesto día el dirigente de los criminales dijo:

-Saldremos en dirección al banco que está en el 1540 South Dixie Highway, en Coral Gables, nosotros dos iremos con tu persona, si algo sale mal ordenaré que maten a tu padre y la bomba que tienes puesta destrozará tu cuerpo y el de todas las personas que estén cerca de ti.

-No tiene que ser tan cruel con nosotros, ¿no se está dando cuenta que mi padre está nervioso y esto puede causarle la muerte?

-El morirá de todas formas si esto se sale de control.

-¿Qué es lo que quiere de mí?

-Te dejaremos en la puerta de tu banco, irás directamente donde la gerente, te alzarás la camisa y le entregarás estas bolsas y cuando ella la tenga llena de dinero, saldrás a la puerta, la entregarás a mi compañero y volverás a cerrar la puerta del banco

-Creo poder hacer lo que me pides. ¿Qué seguridad tengo de que usted no apretará el botón de esta bomba?

-Lo único que puedo ofrecerte es mi palabra, si no me crees, ese es tu problema.

No había salida, se tenía que correr el riesgo, el cajero del banco se acomodó el chaleco bomba y se vistió con camisa blanca, pantalón negro y corbata roja, tal como vestía todos los días para ir a su trabajo. Con dos de los tres asaltantes, salió del apartamento dejando su indefenso padre atado vigilado por un hombre de color que lo mataría si Diego Sandoval, quien manejaba la operación desde la clandestinidad lo ordenaba.

El reloj de pared marcaba exactamente las 8:00 de la mañana cuando salieron del automóvil en el estacionamiento del edificio bancario los dos asaltantes junto al aterrorizado joven empleado de la sucursal.

El camino se hizo largo, triste e inquietante; por la mente del joven, pasaban un sin fin de ideas aterradoras mientras se dirigían al edificio donde trabajaba.

El corazón comenzó a latir con fuerza, no estaba tan preocupado por lo que iba a hacer sino por lo que le pudiera pasar a su padre, si las cosas no salían bien.

De nuevo el hombre que dirigía la operación dio instrucciones precisas:

-Estoy tranquilo, sé que no harás nada que ponga en peligro la vida de tu padre, y por si lo habías olvidado, la tuya no vale medio centavo si no cumples mis órdenes al pie de la letra.

-Si usted cumple su palabra, haré mi trabajo.

Contesto el joven con voz temblorosa

-Tienes tres minutos contados a partir del momento que entres al Banco, para hablar con la gerente, llenar las bolsas y llegar a la puerta.

-¡Está loco, eso es muy poco tiempo!

-¡Aquí las cosas se harán como yo digo!

-Tratare de hacerlo en ese tiempo

-Cuando le muestres la bomba a la puta gerente recuérdale que si llama la policía jamás saldrá viva de su maldito banco.

-Ella no llamará, se lo prometo.

-Recuérdale a la perra esa, que la estaré escuchando por el circuito cerrado que tiene la bomba que llevas puesta, si por casualidad duda un instante, los explotaré a todos, quedando sus cuerpos en pedacitos regados por todo el edificio.

-Las cosas saldrán bien, tranquilo hombre

-Eso espero, por el bien de todos.

La puerta del auto se abrió y del mismo salía el joven Juan, quien llevaba una bomba atada a su cuerpo por debajo de su camisa. El criminal, desde el asiento delantero del automóvil del joven Juan, esperaba ver los resultados de la operación.

El joven se llenó de valor cuando tocó la puerta del banco, esperando que le abrieran desde dentro, alguno de sus compañeros o la misma gerente quien todos los días llegaba a las

7:00 de la mañana. Los nervios lo dominaban; en ese momento, una de las cajeras que vio a su compañero tocando para entrar, fue a abrirle.

Juan solo dijo hola y siguió como un robot directo para el despacho de su jefa, quien organizaba unos documentos para enviarlos por fax a las oficinas centrales en California.

El Bank of América sirve a clientes en más de 150 países:

Argentina, Alemania, Australia, Bahamas, Bélgica, Brasil, Canadá, Colombia, Chile, China, Emiratos Árabes Unidos, España, EUA, Filipinas, Francia, Grecia, Holanda, India, Indonesia, Irlanda, Islas Caimán, Italia, Japón, Corea del Sur, Malasia, México, Panamá, Perú, Reino Unido, Singapur, Suiza, Tailandia, Taiwán, Uruguay y Venezuela.

El actual Bank of América es resultado de la fusión entre Bank of América y Fleet Boston Financial. Con esta fusión, aprobada por las autoridades en los EUA en abril del 2004, se conformó el segundo Banco más grande de los Estados Unidos y el segundo Banco más grande en el mundo. Antes de esta unión, Bank of América "en ese entonces con matriz en California" y Nations Bank "con matriz en Carolina del Norte", se fusionaron, formando en ese momento el primer banco realmente nacional en los Estados Unidos, con oficinas de costa a costa y con presencia en decenas de países alrededor del mundo.

Los bancos que, mediante sus fusiones previas, conforman al actual Bank of América, han sido instituciones con personal que durante un periodo de más de 220 años han puesto sus energías para formar sus cimientos. Estos Bancos fueron establecidos en tiempos y en lugares diferentes, sin embargo, todos ellos han compartido un propósito común: ayudar a sus comunidades a tener éxito y alcanzar sus sueños. Para no aburrir al lector con estadísticas Bancarias seguiremos con el relato.

Una vez dentro del edificio, Juan el empleado del banco se paró frente a la gerente; ésta levantó la cabeza para decirle:

-Buenos días, Juan.

-Tenemos tres minutos para llenar estas bolsas de dinero, si no lo hacemos o si llamamos la policía mi padre será asesinado y nosotros volaremos por los aires cuando esta bomba haga explosión.

-¡Dios mío!

-Los ladrones tienen un control remoto en el estacionamiento si no obedecemos volarán el banco con todos nosotros adentro.

Sin perder un segundo la mujer salió corriendo por el pasillo que llevaba a la bóveda donde tenían el dinero guardado, sacó la llave la cual cayó al piso pues las manos le temblaban por el miedo. El joven calmó a su jefa diciendo:

-Por favor cálmese, si le damos el dinero todo saldrá bien.

La mujer lo miró por unos segundos sin decir palabras, tomó nuevamente la llave, la introdujo en la cerradura de la puerta de la gigantesca caja fuerte y la abrió con rapidez ya que únicamente tenían las rejas puestas; la puerta asegurada por combinaciones había sido abierta a la 7:30 de la mañana para sacar el dinero que usarían los cajeros durante el día.

Llenaron la bolsa rápidamente con fajos de dólares en denominaciones de 100, 50 y 20 tal como lo habían requerido los asaltantes.

De inmediato Juan, tomó la bolsa y salió corriendo hacia la puerta para entregar el encargo, el cual fue atrapado por el hombre de color de nombre

Sanfor Carpí quien, con pasos agigantados, sin demostrar que tenía prisa, entró en el auto Ford Mustang rojo, propiedad del joven Juan Uscamayta.

Se alejaron del área saliendo a una velocidad normal cumpliendo todas las reglas de tránsito. Todo estaba saliendo como los genios habían calculado. Dentro del banco se escuchó un grito escalofriante que electrizó a todos los empleados que estaban en el recinto asaltado.

-¡Tírense al suelo, tiene una bamba!

Para darle soporte a lo que dijo la gerente, Juan, se quitó la camisa y les mostró el aparato que le habían hecho portar. Estaban todos tan nerviosos que olvidaron accionar las alarmas. El guardia de seguridad que estaba en el baño y acababa de salir, cuando vio parado al hombre robot frente a él, sus intestinos lo traicionaron y le dieron una orden que no pudo controlar. Por lo que se vio salir por los ruedos de su pantalón tenía que ser materia fecal, era obvio que el susto le causó una diarrea instantánea que, para completar, apestaba el ambiente. Sus pies se pegaron al piso y solo sacó el revólver y le dijo al asustado joven:

-¡No te muevas!

El empleado portador de la Bomba solo dijo al hombre que le apuntaba con el revolver casi a punto de dispar:

-¡Deja de cagarte en los pantalones y llama la policía, pendejo!

El hombre daba vueltas con el arma en la mano sin saber que hacer; se metió detrás de la primera columna que encontró para protegerse del ataque que, a su entender, un empleado del banco estaba realizando. Finalmente, la gerente accionó la primera alarma que encontró en su recorrido buscando como protegerse, luego tomó el teléfono de la oficina próxima a la caja de seguridad, se metió debajo del escritorio y marco el número, 911.

-¡Vengan rápido por favor!

La operadora que vio la dirección de donde llamaban en su pantalla se dio cuenta que había un asalto en progreso; acciono el interruptor para enviar la señal a todos los autos patrulla de la policía que estaban cerca del lugar. Juan lucía tranquilo, estaba convencido que, si le daba el dinero, los ladrones no detonarían el artefacto; lo que sí le inquietaba era su padre, que, aunque lo soltaran estaría muriendo de susto pensando en lo que podría pasar a su hijo.

Inmediatamente comenzaron a llegar autos patrulla y el personal del equipo antibombas de la ciudad de Miami, junto a integrantes, vestidos de civil, portando armas en sus cinturas y chapas doradas que los identificaban como agentes del FBI la situación se esclareció porque los expertos estaban en control.

En los noticieros de la mañana salían titulares que dejaron inquietos a todos los que estaban frente a sus televisores:

"Robo de película en banco de Miami"

Un atraco se está presentando en estos momentos, el o los asaltantes retienen a un número indeterminado de personas como rehenes.

No hay información todavía sobre si un "Negociador" ha comenzado a dialogar con ello los delincuentes para que depongan sus actitudes.

Un equipo de enmascarados, especialistas en desactivación de bombas se encuentra en el lugar de los hechos. Según imágenes del canal de televisión WSVN Fox 7, que tiene un helicóptero en el área, hay un gran número de policías en el exterior de una oficina del Bank Of América, situada en Coral Gables, frente al Campus de la Universidad de Miami.

El centro de estudio UM alertó a los estudiantes, mediante el envío de mensajes de texto, de la situación que se vive en las cercanías del Campus Universitario, para que abandonen el lugar pacíficamente por temor a que se presenten balaceras con los asaltantes, que se encuentran dentro del banco.

Miembros de la unidad antiexplosivos de la policía de Miami, al igual que negociadores especializados en situaciones con rehenes, se encuentran en el lugar.

Creíamos que los asaltantes estaban dentro de la institución y que con eso terminaría satisfactoriamente nuestra investigación pues seguramente uno de los tres asaltantes que investigábamos, trataría con las autoridades buscando rebaja de condena si lo encontraban culpable del robo.

Cuando salió la segunda nota de prensa toda nuestra esperanza se vino al piso, vimos en los noticieros lo que realmente sucedía dentro de la sucursal bancaria.

"Falsa bomba, para robar el Banco"

Los secuestradores lograron huir con más de $1, 100,000.00 dólares, al final del día, el robo despertaba múltiples sospechas al determinarse que la bomba utilizada era falsa.

El viernes como a las 10:00 PM. Juan Uscamayta, de 26 años, cajero de la sucursal del Bank of América de Coral Gables, seguía siendo interrogado por los investigadores. El jefe del Departamento de Policía de Coral Gables, Richard Naue, informó que los sospechosos aparentemente manipulaban un detonador a control remoto y enviaron a Uscamayta al interior del banco.

"Le dijeron que tenían un dispositivo de detonación"

-Consigue todo el dinero que sea posible y tráelo.

El establecimiento aún no había abierto sus puertas al público, pero la gerente, cuya identidad no fue revelada, ya se encontraba adentro.

-No es inusual que se use un explosivo atado a un chaleco para robar un banco, declaró la agente Dena Choucair, portavoz del Buró Federal de Investigaciones "FBI". Había materiales para fabricar bombas en el dispositivo, no puedo divulgar qué materiales eran.

La agente del gobierno indicó que el supuesto explosivo había sido colocado en la espalda de Uscamayta, dejando algunos alambres y metal frente al cuerpo del joven para que luciera como si fuera una bomba real.

Tras una llamada a las 8:10 de la mañana, a la línea de emergencia 911, agentes de la Policía de Coral Gables, del escuadrón antibombas de Miami, el FBI y la Oficina de Alcohol, Tabaco y Armas de Fuego "ATF", rodearon la institución bancaria y acordonaron varias cuadras, lo cual desató el caos del tránsito en las inmediaciones y la avenida 57 del suroeste, cerca del recinto de la Universidad de Miami.

Ante el peligro de que ocurriera alguna explosión, el equipo antibombas envió un robot, mientras negociadores trataban de contactar a quienes se encontraran adentro del edificio. Vecinos dijeron haber visto francotiradores en los techos cercanos. Alrededor de las 11:00 de la mañana la policía sacó ileso, sin camisa y esposado a Uscamayta.

El empleado del Banco of América Juan Uscamayta, es sacado de la sucursal bancaria, esposado custodiados por agentes especializados del escuadrón de acción rápida del FBI.

Lo que procedía en casos como este era recolectar información sobre el principal sospechoso que era Juan Uscamayta. Se iniciaron las entrevistas con los conocidos más cercanos del sospechoso.

Hugo Núñez, amigo de Uscamayta, desde que estudiaban en la secundaria South Miami, dijo que era un joven responsable que recientemente había sido ascendido en la entidad bancaria.

-No puedo creer que Juan esté involucrado en algo así, afirmó Núñez a El Nuevo Herald, principal periódico de la Florida. Él es una víctima de todo esto. Núñez, añadió que una hermana de Uscamayta, Karla, también trabaja en otra sucursal de Bank of América. La melliza de Uscamayta, Mónica, prefirió no hablar con la prensa ni con los Investigadores.

La noche del jueves, agregó Núñez, la madre de Uscamayta, Gladys, estuvo de guardia en el hospital donde labora.

Gladys, quien vestía uniforme de enfermera, tampoco habló con la prensa, sólo recibió a Núñez, en el apartamento de Nob Hill, que también fue acordonado por la policía en busca de evidencias. Milton Chávez, otro amigo de Juan Uscamayta, desde la secundaria, dijo que era estudioso y que nunca había tenido problemas con la ley. Estoy preocupado por lo que le ha ocurrido a Juan, por eso he venido a visitar su familia.

Las entrevistas que se formularon a distintas personas hablaban sobre la personalidad y la moral del joven cajero; nosotros debíamos continuar la investigación hasta llegar donde estaban los verdaderos criminales.

Lo importante ahora, era encontrar el auto del joven donde se podían conseguir algunas pruebas que dieran luz al caso y alertar a la ciudadanía sobre los peligrosos criminales que portaban armas de alto calibre.

Los organismos de seguridad en coordinación con la compañía de seguros ofrecieron una recompensa. Estas son cosas que ayudan un poco cuando suceden actos de esta naturaleza.

"El FBI está ofreciendo una recompensa de $50,000.00 dólares por cualquier información que lleve a un arresto de los responsables".

Juan Uscamayta, después de ser interrogado por el FBI durante varias horas, fue declarado víctima. Se ordenó la búsqueda de los delincuentes que huyeron en el auto rojo, que luego fue hallado estacionado en un complejo de apartamentos a unas pocas cuadras del Banco, dijo el vocero del FBI. El automóvil se descubrió a la 1:00 de la tarde ese mismo viernes, se tomaron las debidas precauciones antes de entrar al mismo por temor a que hubiera algún explosivo en su interior.

El auto fue remolcado a una localidad no dada a conocer para su procesamiento, agregó

Orihuela, ejecutiva del FBI, el automóvil mostraba que su dueño era una persona humilde.

George, el hermano mayor de Uscamayta, dijo el sábado a los reporteros en las afueras del apartamento de la familia en Nob Hill, en Kendall, que su hermano dormiría hasta tarde y no hablaría con ellos. Agregó que su hermano haría una declaración en unos días.

Según la policía, había muchas preguntas sin contestar. Al final del día, las circunstancias que rodearon el atraco al banco eran poco claras; la bomba, falsa, los secuestradores se llevaron mucho dinero, el cajero interrogado por más de 15 horas. El sábado por la tarde, tres agentes del FBI vestidos de camisetas y portando armas cortas e insignias, llegaron al apartamento de la familia Uscamayta.

La portavoz del FBI confirmó que el chaleco contenía elementos explosivos, todavía estaban analizando el artefacto. Se destacaba el hecho de que, a Juan le habían hecho una promoción recientemente y que le habían entregado un juego de llaves para abrir la puerta del banco. Las llaves no fueron descubiertas por los ladrones; Juan, nunca les mencionó que las tenía y dijo en su entrevista con la policía que no habló de las llaves pues pensaba que, si los ladrones no tenían ese dato, podría zafarse del asunto y evitar que se llevaran el dinero.

Este hecho descartaba algunas pistas ya que los asaltantes solo tenían información obtenida con el seguimiento y vigilancia que hacían a Juan, pero no sabían de los cambios resientes como la promoción y el juego de llaves que la gerente le avía entregado. Esto descartaba la posibilidad de quc hubiera un cómplice dentro del banco.

Nuestra investigación indicaba que los ladrones que perseguíamos habían dado otro golpe maestro al hacer una planificación minuciosa para dejar a las autoridades acusando un inocente.

Nuestro objetivo primordial era conseguir evidencias que mostraran al FBI o a la Fiscalía, que nuestro cliente, Dante Antonio Hank, era inocente de los cargos que le imputaban. Debíamos tener mucho cuidado pues estos ladrones son delincuentes de carrera que mientras están presos, se dedican a preparase para volver a delinquir y por tener mayor experiencia y tiempo para planificar, lo hacen a la perfección.

Este caso se había vuelto complicado debido a la inteligencia del criminal que dirigía esta pequeña pero efectiva banda de atracadores. El único camino por seguir era retomar el caso de la acusación a Dante Antonio Hank.

"El hombre es menos él mismo cuando habla en su propia persona. Dale una máscara y él te dirá la verdad"
Oscar Wilde

10

TRAS LA PISTA DE LOS ASALTANTES

Nos enfocamos en Digna Sandoval, su restaurante seguía siendo el punto que nos llevaría donde queríamos si continuábamos atentos a la vigilancia. Hablamos con John, el encubierto que teníamos trabajando en el estacionamiento.

-Necesitamos que usted tome un poco más de riesgos en este caso.

-Dígame cual es el siguiente paso .

-Trate de estar cerca de la hija, porque ella lo llevara al padre.

-¿Quiere que la enamore?

-No creo que sea buena idea.

-Me contó una empleada que la jefe se acostó con un joven que entró a trabajar hace como dos semanas.

-¿Cómo lo supo ella?

-El lavador de platos estaba en la cocina haciendo su trabajo, mi amiga fumaba un cigarrillo debajo de una de las mesas para picar las ensaladas, Digna llegó en ese momento y pensó estaba solas con él joven que se encontraba pelando unas papas que se necesitaban para el día siguiente.

-¿Qué pasó?

-Eran las tres de la mañana y se habían ido casi todos los empleados, Digna miró por el pasillo y como no veía a nadie, le dijo al joven:

-Deja eso para mañana, es muy tarde. ¿Piensas quedarte a dormir aquí?

-Me gusta dejar todo limpio y preparado para el día siguiente

-Haremos algo.

-Dígame que debo hacer.

-Esta noche quiero que te quedes en mi casa, necesito que mañana, antes de venir al trabajo, me ayudes a mover unos muebles.

-Como usted diga jefa.

-Nos llevaremos una botella de vino para la casa, tal vez se nos ocurre algo bueno.

-El joven no contesto, se puso rojo pues sabía que su compañera estaba bajo la mesa y escuchaba la propuesta de la jefa. Al día siguiente, ella llegó como a las 5:00 de la tarde junto al nuevo empleado a quien todos mirábamos y pensábamos que era un afortunado por haberse cogido a la jefa.

No era mala idea de tener un investigador que durmiera con esta escurridiza mujer, pero no quería arriesgar tanto a nuestro espía, por lo que se me ocurrió una estrategia diferente que nos podía dar los mismos resultados.

-Quiero que te pegues a Digna, lo más que puedas, evita enamorarla, pero si vez una oportunidad no la pierdas; tómalo con mucho cuidado porque si esa gente descubre tus intenciones, te podrían matar.

-¿Son tan peligrosos?

-Más de lo que puedes imaginar.

Dejé el camino abierto para que John, tratara el asunto a su discreción; es muy difícil ordenar a un investigador que está en el filo de la navaja, a hacer cosas que pueden ocasionarle la muerte por hacer un trabajo que bien podría esperar pues al final, todos los criminales caen envueltos en sus propias redes. Pasaron siete días sin ninguna novedad hasta que una noche llegó el padre de Digna, con sus socios en un auto Land Rover, negro serie LRX, el cual estacionó en el área VIP.

-Señor Martínez, acaba de llegar un auto conducido por el padre de la jefa, le acompañan tres personas, entre ellas una mujer.

-Trata de ser precavido, no quiero que te arriesgues demasiado, voy en camino, estaré por ahí en unos quince minutos.

En el auto que estacionó John, se encontraban: Diego Sandoval, quien conducía, Carmen Loaiza, Jerry Corona y su medio hermano, Sanfor Carpí.

Salí a toda velocidad, quería tener estos rufianes en mis fotos nuevamente para cuando presentara las evidencias al FBI. Eran la 1:30 de la mañana, estaba cayendo una ligera llovizna lo que hacia la noche fría, tenebrosa y con poco tráfico, lo que dificultaba cualquier seguimiento que pudiera hacerse a los sospechosos. John, dentro del local, trataba de agudizar sus oídos para escuchar lo que los comensales hablaban dentro del salón VIP que había sido reservado para esta cena especial.

Tenía que entrar a ese salón como diera lugar. John buscaba la oportunidad de colarse, estaba cerca de la puerta esperando su turno cuando vio venir a Digna, con dos recipientes de hielo que pondría a mitad de la mesa donde compartían los invitados.

Esa era la oportunidad de John, para entrar donde solo se le permitía la entrada a: Digna, el cocinero y Carmen, quienes servían a Diego Sandoval y sus acompañantes, los platos preparados especialmente para la ocasión.

John tomó el hielo, lo vacío en un cubo para dirigirse hacia la puerta prohibida, entró sin prestar atención a las miradas de esas personas. La conversación se detuvo por unos segundos, luego el jefe habló nuevamente llamando la atención de los presentes.

-¿Quién te dio permiso para entrar a esta reunión?

Los reunidos miraron hacia la esquina donde John, colocaba el cubo lleno de hielo para que se sirvieran si lo necesitaban, este se incorporó y preguntó:

-¿Se refiere a mí, Señor?

-Sí, ¿Por qué entraste aquí?

-Trabajo en el restaurante, señor.

-Eso no te da derecho a escuchar nuestras conversaciones.

-No estoy haciendo tal cosa, Señor.

-¿Quiero que me digas que mierda estás haciendo dentro de este salón?

Todos esperaban un desenlace trágico en aquella situación que se había metido John quien, sin detenerse, desafió al hombre que tenía el poder de maltratarlo físicamente si le daba la gana.

-Observé que la Señorita Digna entraba con dos pequeños recipientes para hielo y pensé que si tenía un cubo con todo el hielo no tendría que pararse a cada rato para ir a la cocina en busca de más hielo.

-¿Hija que hace este hombre en tu restaurante?

-Trabaja en el estacionamiento.

-¿Alguien me puede explicar que mierda hace este intruso aquí?

-Padre, tranquilízate.

-¡Te hice una pregunta!

La mujer se dio cuenta que si no actuaba con cautela alguien saldría lastimado de aquel episodio, ella tenía que actuar inmediatamente sin permitir que las cosas se salieran de control.

-John!

-Sí, señorita

-Gracias por tu ayuda, pero es mejor que sigas en tu puesto frente al local para que puedas atender los clientes que lleguen, si es que alguien viene a esta hora.

-De acuerdo señorita.

Sin perder tiempo el joven salió como un relámpago del salón; el padre de Digna se levantó de su asiento.

-No me gusta ese joven

-Padre, tú siempre viendo visiones.

-Gracias a mis precauciones, nos encontramos reunidos celebrando en este salón.

-Siéntate padre, si quieres lo despido.

El hombre le dio una mirada de aprobación que dejo el asunto solucionado,   los invitados y la anfitriona se apresuraron a mover los cubiertos, acercar los platos y a probar la bebida para aliviar la situación.

John, de nuevo en el estacionamiento, marcó mi teléfono.

-Señor, esa gente es más peligrosa de lo que pensé.

-¿Qué paso?

John, me contó lo que había ocurrido; me di cuenta de que el joven no había medido las consecuencias y le hice las aclaraciones de lugar.

-Tienes que deshacerte de tu teléfono celular, escúchame atentamente; pasaré frente al restaurante donde estas, ten tu teléfono en las manos cuando me acerque, simularé que estoy perdido y te pediré una dirección, tu aprovechas y dejas caer el teléfono dentro de mi auto; yo me llevaré el aparato.

-Eso no es necesario.

-¡No sabes lo que estás haciendo hijo!

-¿Qué dijo?

-¡Si no haces lo que digo, estás despedido!

¡En que mierda me he metido, no entiendo nada!

Paré mi auto frente al local, John, se acercaba con sonrisa de estúpido, se acercó a la puerta derecha de mi Mercedes Benz, bajé el cristal para decirle.

-Cuando te pregunten por el teléfono, dile que no tienes.

-Eso no lo puedo hacer, estaría mintiendo, aquí todos saben que tengo un teléfono.

-Haz lo que te digo, estoy a punto de un infarto.

Estaba consciente que John, no tenía experiencia, pero si no acataba una orden directa cuando se le diera, podía ocasionarme una catástrofe dentro de mi organización. Salí del área, doblé en la esquina a la derecha y regresé unos minutos después. Me coloqué en el mismo lugar donde estaba anteriormente y volví a enfocar mi cámara para cuando los comensales salieran, tomarlos juntos en la foto.

Eran las 2:45 de la mañana cuando llamé a varios asociados de mi grupo para despistar al genio del crimen organizado Diego Sandoval, los coloqué en fila detrás y delante de mí auto para que no vieran un solo automóvil frente al restaurante. El reloj marcaba las 3:10 de la mañana cuando los sujetos comenzaron a salir.

Primero salió el hombre de color, Jerry Corona, quien miró en todas las direcciones y entró nuevamente al local que lucía solo y deshabitado a esas horas de la mañana; luego salieron todos en grupo, menos Jerry Corona.

El hombre que dirigía miraba para todos lados, había que admitir que hacía muy bien su trabajo; presentía el peligro, era un individuo con mucha experiencia; aún a sabiendas de que era un criminal, sentía cierta admiración hacia él. Este es el tipo de retos que me gusta enfrentar ya que me veo obligado a trabajar de la manera más inteligente posible.

Diego Sandoval se acercó a su hija y dijo:

-¿Dónde está el jovencito que entro a nuestra reunión?

-¡Papi deja eso!

Respondió Digna, tratando de olvidar la situación.

-Solo quiero preguntarle una cosa.

La mujer conociendo quien era su progenitor, inmediatamente llamo a John, quien trataba de ocultarse hasta que desapareciera el peligro, pero no tenía otra opción, tenía que dar la cara.

-Dígame señorita.

-Mi padre quiere preguntarte algo.

-Dígame señor.

-Dame tu teléfono celular, quiero revisarlo para salir de dudas.

-No tengo celular señor.

Diego Sandoval, sabía que estaba en desventaja; vio todos aquellos autos estacionados frente al negocio de su hija y en fracciones de segundo dedujo que el muchacho no estaba solo en esto y que el FBI, podría andar pisándole los talones.

Diego pensó que tenía que desaparecer lo antes posible; se despidió de su hija con un beso, pidiéndole antes que despidiera a John.

-Despide ese desgraciado inmediatamente, es un federal.

-Sí padre, vete con Dios.

El súper dirigente no dijo una solo palabra, tampoco su hija, ella se limitó a despedirse de sus invitados para entrar de nuevo a su restaurante; estaba disgustada por el momento desagradable que había pasado. John estaba más frío que la madrugada, en su interior me bendecía por mi decisión de ir a quitarle el celular. Si este hombre hubiera visto los nombres y números de teléfono en su listado de contactos, con seguridad John, sería hombre muerto.

Unos minutos después de ocurrir aquel encuentro con la realidad, John fue llamado por la dueña del restaurante a sus oficinas para hablar con él sobre asuntos de interés.

-John todo tiene arreglo en la vida.

-Dígame señorita.

-Abre ese maletín.

Cuando el joven abrió el portafolios se dio cuenta que allí había algo que jamás en su vida había visto; estaba repleto de dólares en billetes de $100.00 y $50.00.

-¿Qué es esto?

-En ese maletín hay dos millones de dólares que te lo puedes llevar, son tuyos.

-¡Se está volviendo loca!

-Solo dime la verdad y eres rico, esto quedara entre tú y yo.

-¿De qué está hablando?

-¿Eres federal?

-¡No!

-¿Trabajas con la ley?

-¡Señorita!

-Solo contesta, si dices la verdad te puedes quedar con el dinero, tengo mucho más que eso, pero quiero tranquilidad.

-Señorita, usted me conoce, no sé porque dudan de mí.

-Haremos algo, marcaré tu teléfono si suena o alguien lo contesta, ese hombre que está detrás de ti te pegará un tiro con su pistola que no hará mucho ruido pues tiene silenciador.

El hombre salió de su escondite, John lo conocía, su nombre era muy mencionado en el bajo mundo, era el asesino, el negro, Jerry Corona.

John estaba metido en una encrucijada, si yo contestaba, su vida no valía nada y si no lo hacía estaba en manos de ellos. La mujer marcó el teléfono, pude ver en la pantalla que alguien estaba intentando comunicarse con John, jamás pensé por lo que estaba pasando, pero sí presentía que algo raro sucedía allí dentro; sospechaba que el negro Jerry Corona, se había quedado dentro del restaurante por algún motivo especial, pues no salió con los demás.

Como nadie contestó, la mujer siguió con su interrogatorio.

-¿Por qué le mentiste a mi padre?

-¡Jamás hice tal cosa, señorita!

-Le dijiste que no tenías teléfono.

-¡Es la verdad!

-¡Me crees estúpida!, ¿dónde piensas que estuve llamando?

-Pregúntales a todos, hoy no traje teléfono porque se me callo en la bañera y se me daño. Digna Sandoval, miró fijamente al negro Jerry Corona, los segundos eran eternos, John

pensó que su muerte estaba segura, había subestimado aquellas personas y no creyó en lo que le dijo su jefe, el investigador Martínez.

-¿Cuál es tu opinión Jerry?

-Es mejor muerto, así salimos de dudas.

-¡Están locos!

El pobre muchacho se orinó en sus pantalones, sus orines que corrían entre sus piernas empaparon sus medias y zapatos. Digna se dio cuenta del miedo que estaba sintiendo el jovencito y lo confronto con unas suaves palabras.

-Me debes la vida, si algún día vuelvo a escuchar que dijiste algo de lo que pasó aquí, enviare al negro Jerry, para que cumpla su deseo de matarte.

-Jamás diré nada señorita, se lo prometo.

-Trato hecho, ahora lárgate de mí restaurante.

Tenía un poco de alivio por haberse salvado de la muerte, pero sentía un miedo terrible, algo que jamás había sentido. Salió sin decir una solo palabra, tomo su automóvil, pisó el acelerador hasta el fondo y salió del área chillando gomas.

Aunque no tenía detalles, me di cuenta de que, a John, lo tuvieron contra la pared, pero lo más importante era que ahora estaba fuera del peligro inminente. Uno de mis socios que estaba en la fila de autos estacionados, lo siguió a corta distancia, John tomó la autopista principal a alta velocidad creyendo que quien lo seguía era uno de los malos, mi socio me llamó para informarme; que estaba muerto de risa por lo que suponía estaba pensando John.

El negro Jerry Corona, salió junto a la hija de Diego Sandoval, en un auto que no quise seguir pues me detectarían de inmediato debido al poco transito que había en las calles a esa hora. Nos retiramos de la zona de peligro a las 5:20 de la mañana.

En mi trabajo no existe horario de entrada ni de salida, lo que a veces es bueno; al día siguiente me desperté a las 9:00 de la noche pues mi reloj biológico se había descompuesto a causa de la vigilancia de la noche anterior. Cuando me desperté, lo primero que hice fue comunicarme con Alex, para ponerla al tanto de lo que estaba pasando.

-Quiero que localices a John, tenemos que hablarle.

-Me contaron parte de lo que paso anoche, levántese que es hora de actuar.

-Estoy viejo y cansado, no tengo tus energías.

-Usted se hace coger pena y luego nos da cátedras de supervivencia o resistencia.

-Recuerda que el arte del engaño solo es practicado por aquellos que quieren saber la verdad.

-Déjese de filosofía barata, salga de la cama que lo espero con John, en una hora en nuestra oficina.

-No, mejor iremos a comer algo bueno porque me muero de hambre, tengo que recargar las baterías.

-De acuerdo, nos vemos en el restaurante acostumbrado.

No soy muy amante de comer carne roja, pero en este restaurante la especialidad era una variedad de ensaladas con todo tipo de carnes. Ponen una tapa de color rojo de un lado y verde del otro, cuando quieres que desfilen los sirvientes con distintas carnes frente a tu mesa, volteas la tapa del color verde, si quieres parar la volteas del color rojo.

Después de comer como un león hambriento, te traen otra fiesta de postres, te recomiendo la crema de papaya, lechosa o fruta bomba o como quieras llamarle, esto es para morir de placer.

Llegué al restaurante donde Alex y el asustado John, estaban comiendo, luego de saludarlos comencé a enterarme de lo que pasó aquella electrizante noche de lluvia en el restaurante de la hija de Diego Sandoval.

-No le hice caso cuando me advirtió que esa gente era peligrosa. Dijo John.

-Una cosa debes tener bien clara, cuando te doy una orden tienes que cumplirla.

-Recuerde soy nuevo en esto.

-Un descuido puede costarte la vida en este trabajo.

-Hay algo que me ha quitado horas de sueño.

-¿Qué es?

-¿Cómo sabía que el padre de esa mujer me pediría el teléfono?

-Para atrapar un criminal tienes que pensar como él y dar un paso delante de sus acciones, de lo contrario él ganara la partida.

-Usted si sabe trabajar en estos asuntos, por un momento llegué a pensar que tenía poderes divinos.

-¡Eso se llama experiencia!

-Pensé que eras brujo.

-¿Qué fue lo que te delato?

-Me decidí a actuar y no se comieron el cuento.

-¿Lograste escuchar algo de lo que decían?

-Escuché al padre de la señorita Digna, que decía: *"Estoy pensando como volver a ese banco."*

-El hombre de color, quien casi me asesina dijo: *"No creo que seas un loco".*

-Además, Diego Sandoval, quien dirigía la mesa dijo:

"Robaré ese banco nuevamente"

-Ese hombre es muy inteligente.

-Creo que no se tragó el cuento.

-Sospecharon que eras un agente del FBI.

-Es posible.

-Lo que te salvó la vida fue que Digna, salió al frente y vio varios autos con personas dentro de ellos, sabía que, si verdaderamente eras un agente del FBI y no salías vivo de tu trabajo, los otros que vigilaban se la comerían viva antes de escapar.

-Por la duda que tenían no apretaron el gatillo esos desgraciados.

-Tienes que cuidarte porque si descubren que trabajas para mí, serás hombre muerto; eres un testigo contra ellos y como no saben lo que viste u oíste, andarán tras de tu cabeza como perros rabiosos.

- No me asuste jefe.

-Es en serio, tienes que cuidarte.

Me di cuenta de que mi asistente Alex, no hablaba, estaba pensando en algo que no podía adivinar. Cuando una mujer analiza un tema relacionado a ella o a su familia, que en este caso éramos nosotros, hay que prestar atención.

-Jefe, creo que esos degenerados asesinos asaltaran nuevamente el Bank Of América.

-No pueden correr tantos riesgos.

-Estos criminales son profesionales, buscaran la forma de hacerlo solo para demostrarle al FBI, que son una mierda.

-No comparto tu opinión, pero tiene un poco de lógica.

La cena terminó tarde, conversamos por largo rato y luego nos marchamos satisfechos por los adelantos que habíamos logrado.

El próximo día llegué a mi oficina como a las 11:00 de la mañana cuando entré a mi despacho, el atribulado John, estaba sudoroso y rojo como si hubiera salido de un baño sauna.

-Jefe tengo la impresión de que cuando venía, dos autos me están siguiendo.

-No puedo creer que los trajiste hasta aquí sin antes despistarlos.

-Cuando estaba llegando lo perdí de vista.

-¡Mierda ahora sí que tienes que cuidarte amigo!

-¿Qué quiere decir Jefe?

-Si esa gente te puso vigilancia y te siguieron se darán cuenta que trabajas para mí y que eres una pieza importante del rompecabezas que estoy armando.

-¡Ahora sí que estoy jodido!

-Buscaremos una solución.

-¿En qué maldito problema estoy metido?

-Tranquilo amigo, no pierdas el control, si lo haces, serás presa fácil para ellos.

Las cosas se ponían cada vez más peligrosas; si John se había dejado seguir hasta la oficina estábamos metidos en tremendo aprieto.

Entró una llamada como cualquier otra, alguien preguntaba por John, quien se encontraba en mi despacho en ese momento.

La secretaria entro y dijo:

-Llamada para John en la línea tres

El joven saltó del asiento para contestar; rápidamente detuve su mano y le dije:

-Busca la grabadora antes de levantar el teléfono.

-¿Para qué?

-Por tu bien, tengo que despedirte después que contestes esa llamada.

-¿Qué fue lo que hice ahora?

-Busca la grabadora y date prisa, si quien está en la línea es inteligente, se dará cuenta que te estás preparando para grabarlo.

El joven me miró con desconfianza, no sabía por qué había actuado así. Estaba totalmente seguro de que las cosas cambiarían después que levantara el teléfono. El aparato fue encendido para grabar la conversación; escuchamos la voz de una mujer decir:

-¡John!

-Si.

-Te di la oportunidad de tomar dos millones de dólares y no lo hiciste.

-¡Señorita Digna!

-Me juraste que no trabajabas para la ley.

-Esa es la verdad

-¿Dónde estás ahora, en una iglesia?

-Es una compañía de abogados, usted sabe que estudio justicia criminal.

-Trabajas para una rata llamada Ángel Martínez.

-¡Dios santo!

-No te sorprendas, sabemos todo sobre ti.

-No estoy cometiendo ningún delito.

-De eso estamos seguros, lo que jamás podrás detener es la promesa que te hizo Jerry.

-Verdaderamente no la recuerdo.

-Espera un momento.

Se hizo una pausa en la conversación, la persona que estaba en la línea con seguridad le estaba pasando el teléfono a otro individuo; sospechaba que era al hombre de color llamado Jerry. Cuando se sintió la respiración de quien volvía al teléfono escuchamos una voz de hombre decir:

-¡John!

 Diga.

-¿Tú crees que puedo confiar en ti?

-¿Quién habla?

-Sabes bien que soy tu amiguito Jerry.

-Señor Jerry, no tengo amigos que comiencen una conversación apuntando a la cabeza de las personas con armas de fuego provistas de silenciador.

 -Hazte el machito desgraciado, cuando te ponga las manos encima ni tu madre te reconocerá.

La llamada fue cortada por quienes hicieron la amenaza de muerte. No podíamos actuar a la ligera, teníamos que proteger al ingenuo John, contra estos asesinos.

Localizamos al agente especial del FBI y convocamos una reunión de emergencia presentando al joven John, como una víctima a la que había que proteger.

Los servicios de inteligencia que se encargaban de la protección a testigos en los Estados Unidos tenían que iniciar su trabajo. Uno de nuestros abogados, quien representaría a nuestro empleado, hizo los arreglos necesarios para que en dicha reunión estuviera un representante del gobierno federal y la fiscalía.

Llegamos a las oficinas del FBI, con la intención de que a nuestro hombre se le otorgaran todas las garantías que corresponden a un ciudadano americano que requiere protección. Presentamos las pruebas que teníamos para probar que John, era un objetivo de los asaltantes. Comencé la conversación para llevar ventaja.

-Si es posible, quisiera que esta reunión se dividiera en dos partes

El fiscal que representaba al gobierno se inquietó por mi posición.

-¿De qué dos cosas vamos a hablar?

-Trataremos el caso de John, aquí presente y el de la injusticia que ustedes están cometiendo con otro joven que está en la cárcel siendo inocente.

-Eso está fuera de lugar, no vine aquí a discutir inocencia de nadie.

-Usted es el único que no sabe a qué vino a esta reunión.

Los ánimos se estaban caldeando en una reunión que apenas comenzaba, pero mi intención era precisamente esa; quería que saliera a flote que ellos, los que representaban la justicia de los Estados Unidos, tenían un hombre preso solo por llenar estadísticas y no por hacer justicia.

El agente especial del FBI, Manuel Fernández, intervino dándole fuerza a mi propósito.

-Lo mejor para todos es que nos calmemos, en definitiva, esto es una reunión entre amigos; aquí todos perseguimos lo mismo. Después que estemos calmados, quiero que el investigador Martínez, nos diga cuales son con detalles esas dos situaciones que trataríamos en esta reunión.

Me estaba dando la oportunidad de decirle a los federales, que mi cliente, el joven Dante Antonio Hank, era uno de los tantos inocentes que se encontraban en las abarrotadas cárceles de los Estados Unidos.

-Un joven que puede tener la edad de uno de nuestros hijos, se está pudriendo en una cárcel porque las evidencias de su caso, no se estudiaron a fondo.

El agente del FBI Manuel Fernández había permitido que sacara a relucir mi punto de vista, luego tomó la palabra para dejar definido el proceso que llevaríamos en esa reunión.

-Señor Martínez, le agradecemos su preocupación. Usted y todos los reunidos en este salón saben que el FBI, es una institución que busca la pulcritud y la verdad de todo caso que se considere un crimen dentro de nuestro país. Hoy estamos reunidos para tratar únicamente el caso de amenaza de muerte a John, quien como informante del investigador Martínez, se ha visto amenazado de muerte por unos asesinos peligros a quienes queremos atrapar.

Mi amigo Manuel Fernández, había puesto las cosas nuevamente en su lugar con el discurso pronunciado. Sentí una inmensa satisfacción cuando este hombre dejó ver que mi investigación estaba arrojando buenos resultados. Aunque no lo dijo claramente, sus insinuaciones me hacían pensar que tendría la oportunidad de demostrar que mi cliente, el hijo de Dante Hank, era inocente de todos los cargos que se le imputaban.

Entregamos la grabación de amenaza de muerte que le habíamos tomado a la hija de Diego Sandoval quien, por coincidencias de la vida, había sido baleado hacía varios años, dentro de un Banco por el agente Manuel Fernández, que hoy era supervisor dentro del FBI. John dio su declaración, el FBI tomó las anotaciones para el reporte que harían para el Departamento de Estado.

"El jurado está compuesto por doce personas elegidas para decidir quien tiene el mejor abogado".

Robert Frost

11

UN TESTIGO PROTEGIDO

En el año 1929 las mafias italianas tenían a los Estados Unidos, un estado de convulsión a causa del trabajo que desarrollaban las organizaciones criminales. Al Capone y Lucky Luciano, sus líderes principales, llenaron de sangre y cadáveres las calles de los más importantes estados de la nación americana.

Estos criminales se hacían llamar, "La mano negra" y crearon lo que se denominó: "El código del silencio".

Estos títulos o eslogan eran muy tomados en cuenta por los ciudadanos comunes; el que hablaba con la policía sería liquidado. Ya para el año 1946 la situación estaba fuera del control de las autoridades; los criminales enviaban mensajes a los diferentes destacamentos de una sociedad aterrorizada que guardaba silencio y entorpecía cualquier tipo de investigación surgida a raíz de los múltiples asesinatos y hechos delictivos perpetrados en las diferentes ciudades. La colaboración que recibían las autoridades por parte de la comunidad era nula.

Para contrarrestar esta situación se quería organizar lo que las agencias llamaban con varios nombres: Programa de Seguridad de Testigos, Programa de Reubicación de Testigos o Programa de Protección a Testigos. Esto se debía a la pugna que siempre ha existido entre las diferentes agencias que combaten el crimen en Estados Unidos pues nunca se ponen de acuerdo.

El Congreso advirtió que el país estaba tomando un rumbo muy peligroso, cuando un nuevo ingrediente aportado por las organizaciones criminales entró en escena con una fuerza arrolladora; se trataba de una actividad excesivamente lucrativa.

El tráfico de drogas como, la metanfetamina y otros estimulantes tenían un importante y creciente mercado a pesar de la oposición parcial de la vieja guardia del crimen, representada por los mafiosos tradicionales que no querían involucrarse en el nuevo negocio. Uno de los primeros arrestos que se hizo fue el del mafioso Pete Casella. En el año 1959 Casella, fue sentenciado a quince años de condena.

Este hecho dio la razón a los antiguos capos que no querían incursionar en el tráfico de drogas, pero para las mafias ya el daño estaba hecho; las agencias federales habían propagado que los italianos, además de sus negocios de extorsión, robo y asesinatos, estaban iniciando una nueva actividad ilícita, el tráfico de drogas.

El Procurador de la Nación, Robert Kennedy, se dedicó a reforzar e institucionalizar el Programa de Protección a Testigos, con el objeto de usarlo como arma contra el crimen organizado. El Departamento de Justicia buscaba una forma de garantizar la seguridad de los testigos y encontró en el procurador un aliado muy valioso.

El Programa se responsabilizaba de reubicar y cambiar la identidad de los testigos. Este Programa contaba con $11,000,000.00 millones de dólares del presupuesto gubernamental y 200 agentes, que tenían a su cargo proteger alrededor de 600 criminales de las peores calañas, pero que se habían acogido a la protección del gobierno federal.

Dicho Programa tenía algunas restricciones que fueron puestas sobre la mesa en el acuerdo que hizo John con los fiscales de Miami. Luego de los datos que el joven y nuestro departamento de investigación aportaron a los servicios de seguridad, el defensor de John dijo:

-Si hay algún acuerdo en estos momentos, estamos listos para firmar.

-Antes de hacer cualquier acuerdo, quiero saber si en verdad nos interesa lo que nos vaya a decir su cliente en una corte.

El fiscal seguía en su posición de no dar nada a cambio de algo que no le interesaba.

-Déjeme recordarle que sin testigo no puede haber juicio ni condena y sin protección no habrá testigo.

-Tengo que consultar su petición con el Departamento de Estado en Washington, le daré repuesta por escrito en una semana, contesto el fiscal.

El abogado de John sabía que debía obtener un documento escrito y firmado por parte del fiscal porque de lo contrario no tendríamos nada en el futuro inmediato.

El fiscal tomo nuevamente la palabra y dijo:

-Redactaremos un acuerdo provisional que presentaremos en Washington, si es aprobado no tenemos que volver a reunirnos a perder un tiempo valioso que podríamos emplear en otras actividades.

-La defensa de John, está de acuerdo.

-Estos son los términos: El testigo jamás volverá a tener comunicación con sus familiares, no podrá hacer contactos con sus antiguos amigos, será enviado a un lugar no determinado y nadie sabrá cuál es su paradero, se le cambiará todo documento que posea, le daremos un tiempo breve para que elija un nombre, en ese momento se le tomarán las huellas digitales y tendrá una nueva acta de nacimiento y una nueva identificación. Cualquier mensaje que usted quiera enviarle señor abogado y también nosotros será a través de un sistema de seguridad controlado por el Programa de Protección a Testigos. Ninguna agencia federal conocerá su paradero, se le darán $3.000.00 mil dólares para su manutención durante un tiempo, hasta que estabilice su situación económica con un trabajo decente y se le entregara

$9.000.00 mil dólares para comprar un auto de uso personal.

El fiscal hizo una pausa para coger impulso y concluir su trabajo, según los criterios de los burócratas americanos en Washington.

No quería dejar nada al azar, los términos tenían que ser lo suficientemente claros para que las partes entendieran que si había alguna falla todo se cancelaría inmediatamente. El fiscal continúo:

-Para finalizar, si comete una infracción a lo establecido en este acuerdo se le cancelarán los pagos de manutención y puede ser arrestado hasta que terminen todos los procesos que iniciaremos contra el crimen organizado, cosa que podemos extender por mucho tiempo.

Todos los puntos del programa de protección a testigos de Estados Unidos fueron puestos en aquel documento. Con los Federales es mucho mejor tener todo por escrito porque la burocracia lo puede dejar en la calle si no tiene algo que respalde cualquier acuerdo con el Gobierno Federal.

"Vale más arriesgarse a salvar a un culpable que condenar a un inocente."

Voltaire

12

LO HAN VUELTO A HACER

El trabajo que le dimos al joven John había traído su sentencia de muerte o su desaparición, sabiendo de su paradero únicamente el Programa de Protección a Testigo de los Estados Unidos. El muchacho tenía muy buenas intenciones, pero con eso no se compra la vida, esa era una de las razones por la que decidí sacarlo del ambiente hasta que todo volviera a la normalidad.

La situación estaba en calma cuando una mañana mi asistente Alex, llego a mi escritorio con un ataque de nervios.

-Lo repitieron.

-¿Qué fue lo que paso?

-Volvieron a asaltar el Bank of América.

-¡No puede ser cierto!

-En estos momentos el área está rodeada por un ejército de policías que no pueden creer lo que allí pasó.

Oficiales de operaciones especiales frente a la institución bancaria robada por segunda vez en un transcurso de 17 días en Miami, Florida, Estados Unidos.

Un hombre de unos 25 años, deportivamente vestido con una gorra de color claro, una camiseta de color púrpura y un animal pintado en su atuendo, se acercó al banco a las

9:50 de la mañana el 11 de Octubre del 2010, se detuvo unos momentos en la parte frontal del edificio, miró a todos lados y empujó la puerta frontal del banco, se puso en fila detrás de unas cinco personas que esperaban su turno para hacer sus transacciones bancarias.

Cuando llegó su turno, frente a la estación de la cajera número tres, sonrió y le entregó una nota que decía:

"Tienes tres minutos para que me llenes esta bolsa de dinero, si tocas la alarma te disparo, si avisas al guardia te disparo, si quieres morir hoy te disparo"

El individuo se retiró unos pasos hacia atrás para que la cajera viera el bulto que tenía en su cintura tapado con la camiseta que vestía, cuando disimuladamente la cajera le entrego el dinero, el ladrón le dijo:

-En estos momentos, en la fila de espera hay siete personas tú no sabrás cuál de ellos te hará el disparo, si ve que haces alguna señal al guardia de seguridad o si se escucha alguna sirena cuando yo mes esté retirando.

-Tranquilo Señor, ¡le juro que no haré nada!

El asaltante salió con su bolsa repleta de dólares sin despertar sospecha. La cajera, además de nerviosa estaba indecisa de qué hacer en ese momento, por temor que una de las personas que estaban en la fila le dispararan a la cabeza; esto dio al ladrón suficiente tiempo para desaparecer caminando y entrar a un supermercado a cambiarse de ropa y así no ser perseguido. Se esfumó con una gran suma de dinero; una vez más estos intrépidos asaltantes habían dado un gran golpe.

El director del FBI en Miami estaba furioso por lo que estaba pasando en su comunidad. Acciones como estas, dejaban mal parados a sus cuerpos de investigadores o cazadores de asaltantes bancarios. Este súper agente que dirigía un cuerpo de más de 750 hombres pidió una reunión con los supervisores de grupo para decirle lo siguiente:

-Esta mañana recibí una llamada del fiscal general de la nación para cuestionarme sobre lo que está pasando en mi comunidad. No tomaré esta presión por culpa de ustedes que no hacen bien su trabajo.

Quiero que sepan que estaré respirando detrás de su nuca si es posible para que hagan bien las cosas.

Quiero resultados, quiero esos hijos de puta que me están colmando la paciencia. Mi ulcera está sangrando, ese desgraciado de Diego Sandoval debe caer lo antes posible; ustedes saben que es un criminal inteligente y cuidadoso, no quiero que sean el hazme reír de nuestros competidores, quiero resultados, ¡ya!

El jefe del FBI habló sin dejar una sola duda de lo que se requería para atrapar el ladrón que lo tenía perdiendo el sueño. Los supervisores de áreas y equipos se tendrían que poner los pantalones para activar la red de informantes que tiene el FBI, dentro de su comunidad y así obtener las pistas para encontrar la base de operaciones del maldito criminal llamado Diego Sandoval.

Ángel Martínez

"No ganaré siempre, pero sí seré fiel a mí mismo. No siempre tendré éxito, pero sí viviré según mis convicciones".

Abraham Lincoln

13

LOS PEQUEÑOS DETALLES DE UNA INVESTIGACIÓN

Cuando usted está haciendo un trabajo de investigación y ve todos los caminos cerrados, el consejo que siempre doy es volver al punto de partida y analizar cada paso que diste para ver dónde está la posible solución.

Me vestí con mi mejor traje y fui a pasar un día con el hijo de mi cliente, que estaba en la cárcel Federal de Miami.

Dante Antonio Hank, lucia más relajado que el primer día que lo visité. Unos días fueron suficientes para darse cuenta de que lo único que podía hacer e r a tener paciencia; me dio un fuerte abrazo y una sonrisa; luego iniciamos la conversación:

-Pensé que se había olvidado de mí.

-¡Pensaste mal amigo!

-¿Cómo están las cosas?

-Cada día mejor, estoy descubriendo la conspiración que tejieron esos hijos de putas asesinos, en tu contra.

-Leí en los periódicos que volvieron a asaltar el Bank of America

-Si, están pasando cosas que solo Dios sabe.

-¿Cuándo tendrá una solución del caso?

-¡No es tan fácil!

-Tengo plena confianza en lo que está haciendo.

-Quiero volver sobre lo que hablamos anteriormente.

-No voy para ninguna parte, dígame lo que quiere saber y le contestaré con la verdad, en esta situación no tengo nada que perder.

Mi cliente estaba desesperado, pero en control de sus actos; la cárcel doma hasta los lobos más feroces; estar encarcelado es un castigo que no le deseo a nadie. Comencé a indagar nuevamente sobre los pequeños detalles del caso que ahora estaba estancado y no sabía por dónde continuar.

-Cuando llegaste a la universidad el día del asalto, eran las 8:00 de la mañana, el guardia jura que saliste por la puerta a las 8:30, aquí hay un pequeño y significativo detalle que hice firmar al guardia de seguridad cuando lo entrevisté.

-¿Cuál es ese detalle?

-Según el guardia, cuando entraste a la Universidad, él recuerda la camisa de cuadros que tenías puestas ese día, porque se le pareció a una que él tiene.

-¿Que tiene eso que ver con el caso?

-El atracador realizo el robo con una camisa roja, la que se quería compararan con la foto encontrada en tu auto.

-¿Qué camisa tenías puesta el día del robo?

-Como no te detuviste en la puerta, el guardia no recuerda si tenías una camisa a cuadros.

-Buena observación.

-Estudié todos los videos de la Universidad y encontré imágenes tuyas entrando a los baños, a las 8:50 de la mañana.

-¡Si, ahora recuerdo que estuve en el baño!

-¿Si estabas dentro de la Universidad, quien era que manejaba tu auto a esa hora?

-¡Mierda ahora esto si se ha enredado señor Martínez!

-Te vi saliendo de los baños de la Universidad a las 9:05 de la mañana.

- ¿Cómo es posible que estés en dos lugares al mismo tiempo?

-Mañana tendré una reunión con los federales, si no te sacan de la cárcel y te quitan todos los cargos, haré un escándalo por todos los medios de comunicación del mundo.

-¡Señor Martínez!

-¡Si!

-La perfección es una maravillosa virtud que pesa tanto, que el hombre no puede con ella.

-No entiendo tu filosofía.

-Creo que saldré libre por la perfección de sus análisis.

-¡No lo dudes amigo, estarás libre en unas horas!

Me presente ante la corte para una audiencia con el juez en su oficina. Cuando el magistrado vio toda la evidencia solo dijo:

–En mi profesión nunca se sabe cuándo recibirás una lección impredecible.

El joven Dante Antonio Hank fue puesto en libertad. Yo aún sigo los pasos de esta banda de criminales que hoy se han convertido en los más buscados de las autoridades de los Estados Unidos.

"Cuando los atrape escribiré la segunda parte de esta historia".

Ángel Martínez

"Vivimos en una sociedad profundamente dependiente de la ciencia y la tecnología y en la que nadie sabe nada de estos temas. Ello constituye una fórmula segura para el desastre".

Carl Sagan

EL SENTIDO DE ESTA OBRA.
EL ROBO DE IDENTIDAD UN PROBLEMA GLOBAL

¿Qué es el robo de identidad?

El robo de identidad es cualquier clase de fraude que dé como resultado la pérdida de datos personales, como por ejemplo contraseñas, nombres de usuario, información bancaria o números de tarjetas de crédito.

El robo de identidad en línea en ocasiones se conoce como la suplantación de identidad.

El robo de identidad no es nuevo. Los ladrones siempre han encontrado maneras de apropiarse ilegalmente de la información personal mediante engaños (también conocidos como ingeniería social), robando el correo de los buzones e incluso revisando los cubos de basura. Ahora que el robo de identidad se ha trasladado al Internet, los delincuentes pueden engañar a una mayor cantidad de personas, lo que lo hace mucho más rentable.

Internet ha revolucionado nuestra forma de comunicarnos con la gente que nos rodea y, en muchos casos, nos ha sirve de puente para establecer nuevos contactos profesionales o conectar con gente con aficiones o inquietudes comunes. Las redes sociales son un instrumento con el que mucha gente permanece en contacto con sus amigos, busca empleo o comparte sus fotos o vídeos, sin embargo, ante este enorme caudal de datos personales que viajan por la red, encontramos que existen personas con no muy buenas intenciones que intentarán acceder a estos datos para comerciar con ellos o, en algunos casos, suplantar nuestra identidad.

Quizás pueda parecer exagerado, pero según el observatorio europeo, el 4% de los ciudadanos de la Unión Europea fue víctima de robos de datos personales y/o suplantaciones de identidad, cifra que aumenta en los casos de España y Bulgaria con un 7% de los internautas de estos países. De hecho, para que tengamos en cuenta la gravedad de la situación, el 3% de los internautas europeos sufrió pérdidas financieras debido al uso fraudulento de su tarjeta de crédito o a ataques de phishing (con Letonia a la cabeza con un 8% de sus internautas).

Pensemos que nuestros perfiles en Facebook y en Twitter, de alguna forma, son también nuestra tarjeta de presentación y, en unas manos inadecuadas, podrían causar un gran daño a nuestra reputación; es por ello por lo que debemos extremar las precauciones para evitar que esto suceda y, si tenemos la mala fortuna de ser víctima de una suplantación de identidad, actuar rápidamente para mitigar el daño causado y atajar el problema lo antes posible.

¿En qué consiste un robo de identidad?

Un robo de identidad consiste en el acceso no autorizado a alguno de nuestros perfiles, nuestra cuenta de correo o a nuestra cuenta en la banca online, es decir, cuando alguien consigue nuestro usuario y contraseña en un servicio o es capaz de averiguar nuestra clave o la respuesta a la "pregunta secreta".

El robo de identidad es mucho más antiguo que las redes sociales, de hecho, ocurría si a alguien le robaban su documento de identidad o su tarjeta de crédito y, por ejemplo, realizaban compras en su nombre. Sin embargo, la extensión del uso de servicios online ha propiciado la aparición de robos de identidades digitales, ya sea para espiar lo que hace/dice alguien, manchar su nombre, suplantarle o robarle datos confidenciales.

¿Cómo pueden robar el acceso a nuestra cuenta?

Un despiste, por ejemplo, puede propiciar un acceso no autorizado a alguna de nuestras cuentas.

¿Despistes? Sí, por ejemplo, dejarnos la sesión abierta en un equipo de uso compartido o dejar nuestro equipo con sesiones abiertas en el navegador y dejar que alguien lo utilice (sin nuestra supervisión), acciones a las que no les damos importancia pero que implican la exposición de nuestras cuentas a un tercero.

Pero, quizás, el mayor de los riesgos esté en nosotros mismos. Una mala política personal de contraseñas puede ser un problema para la preservación de nuestra identidad digital. Usar la misma contraseña en todos los servicios web en los que estamos registrados en un gran riesgo, básicamente, porque si se compromete uno, todos lo están. Este es uno de los fallos más comunes que junto a compartir la contraseña con amigos y/o familiares, apuntar la contraseña en las notas del móvil o en un papel que guardamos en la cartera y poner una obviedad en la respuesta de las "preguntas secretas" son malas prácticas que comprometen nuestros datos. Ponérselo complicado a estos "amigos de lo ajeno 2.0" está en nuestras manos y la contraseña es algo que definimos nosotros mismos.

¿Cómo podemos darnos cuenta?

Desgraciadamente, el robo de identidad se detecta de manera reactiva, es decir, nos enteramos cuando ha sucedido y hemos notado alguno de sus efectos.

¿Efectos?

Sí, imaginemos que un día intentamos acceder a nuestra cuenta de correo electrónico o a nuestro perfil en Facebook y por mucho que repetimos la contraseña, ésta aparece como invalida. Intentamos recuperar la contraseña a través de la pregunta secreta pero tampoco somos capaces de dar con a la respuesta correcta; al poco, uno de nuestros amigos nos llama para preguntarnos por una publicación fuera de tono que hemos realizado en Facebook y cuando vamos al cajero automático encontramos una compra, pagada a través de PayPal, que no hemos realizado.

Aunque parezca una pesadilla o el guion de un telefilme, es algo que podría suceder y que, de hecho, sucede. Normalmente el usuario se entera después de que haya pasado y, en los casos de phishing o en los robos de documentos de identidad, las víctimas se han encontrado en listas de morosos por impagos de facturas de compras que jamás realizaron. En el mundo de las redes sociales también podría costarnos algún disgusto porque, si alguien entrase en nuestra cuenta de LinkedIn y le dejase un mensaje nada amigable a nuestro director general, seguramente, no le hiciese demasiada gracia.

¿Cómo actuar ante una suplantación de identidad?

Si hemos sido víctima de un robo de identidad o sospechamos que algo no funciona bien debemos actuar rápidamente, pero sin perder la calma.

Si aún tenemos acceso al servicio, es decir, nuestras credenciales siguen valiendo, es el momento de cambiar las contraseñas de todos los servicios a una que no guarde un patrón similar y que, además, no contenga cadenas de caracteres significativas (apellidos, nombres, ciudades, fechas de nacimiento, etc.). Dentro de lo malo, sería el escenario más favorable puesto que podríamos atajar el problema de manera autónoma, eso sí, bueno es dar una vuelta por nuestras cuentas para revisar las publicaciones realizadas. De hecho, deberíamos de esta manera si nuestra contraseña se viese expuesta por cualquier motivo (aunque no haya indicios de robo o suplantación).

En el peor de los casos podríamos estar sin acceso a nuestra cuenta de correo y/o a cualquiera de nuestros perfiles sociales. En tal caso tenemos que mantener la calma y abordar el problema desde dos frentes: recuperar el control de nuestras cuentas y poner el caso en conocimiento de las autoridades.

Para poder recuperar el control de nuestras cuentas, prácticamente, todos los servicios tienen publicado un procedimiento que regula cómo contactar con los responsables del servicio para informar de la pérdida del control de nuestra cuenta, solicitar una suspensión temporal de la actividad de esta o volver a recuperar el control de ésta.

Además, para evitar que no nos hagan responsables de lo que hagan o publiquen desde nuestros perfiles (denuncias de terceros, inclusión en alguna lista negra, etc.) debemos informar a las autoridades de lo que ha sucedido.

¿Cómo podemos estar prevenidos?

Aunque nadie está libre de ser víctima de un robo de identidad, sí que es verdad que podemos ponérselo algo más complicado a los que intentan acceder a nuestros datos, simplemente, siguiendo unas pautas que nos ayudarán a estar mejor protegidos:

Nunca usar la misma contraseña en todos los servicios en los que estamos registrados y, además, no usar contraseñas sencillas que sean fácilmente asociables a nosotros (fechas de nacimiento, nombres, apellidos, mascotas, etc.)

No compartir la contraseña de acceso con nadie y cambiarla tras un tiempo prudencial, mínimo tres meses al año y nunca repetir como si fuese una secuencia.

En equipos compartidos, o de uso público, usar el modo de navegación anónimo o vaciar caché, historial, contraseñas y formularios guardados.

Prestar atención a los sitios web a los que solemos acceder para ver si han sufrido algún cambio sustancial o, en el caso de la banca electrónica, no aparecen como sitios seguros.

No dejar nuestro equipo sin vigilancia, desbloqueado y con sesiones abiertas.

Jamás enviar contraseñas por correo electrónico. Servicios web como Facebook o Twitter, o la banca electrónica, nunca nos van a pedir por correo electrónico que les enviemos la contraseña y, si recibimos algún correo así, seguramente sea un intento de *phishing*.

En conclusión, debemos tratar de no exponer más datos de los necesarios no sólo en las redes sociales, a los agentes comerciales, que nos llaman por teléfono y a extraños que por alguna razón desean tener datos de nuestra identidad.

Una última petición, proteja a sus hijos menores, nunca es extremo el cuidado que los padres deben tener sobre las actividades que realizan los hijos, tanto en las redes sociales, como fuera de casa.

¿Cuáles son los tipos de robo de identidad más comunes?

Ya en 2019, la Consumer Sentinel Network, que forma parte de la Comisión Federal de Comercio (FTC, Federal Trade Commission) de EUA, recibió más de 3,2 millones de denuncias de fraude. El robo de identidad fue la categoría principal al tratarse del 20,3 % de los casos denunciados, y se presentaron más denuncias relacionadas con el robo de identidad y cargos fraudulentos, en todas sus diversas formas, que cualquier otro tipo de queja, incluidas las estafas de impostores y los servicios telefónicos y móviles.

Los 3 tipos más comunes de robo de identidad

Fraude con tarjeta de crédito

Fraude de préstamos o alquileres

Fraude telefónico o de servicios públicos

Curiosamente, el grupo de edad más afectado por el robo de identidad son los más jóvenes, que denuncian que pierden dinero por fraude con más frecuencia que las personas mayores, mientras que las personas mayores tienden a perder una mayor cantidad de dinero de media.

No importa el grupo de edad. Cualquier persona corre el riesgo de convertirse en víctima de una forma de robo de identidad.

Tipo de robo de identidad #1:

Fraude con tarjeta de crédito

El fraude con tarjetas de crédito ya estaba el primero de la lista en cuanto a denuncias de robo de identidad en 2019. La FTC recibió más de 271.000 denuncias de personas que afirmaban que su información tuvo un uso indebido en una cuenta existente o se utilizó para abrir una nueva cuenta con tarjeta de crédito.

El número de nuevas cuentas fraudulentas que se abrieron en 2019 fue de 246.763, lo que supuso un aumento del 88 % respecto al año anterior. Por otro lado, el número de denuncias de fraude en cuentas existentes disminuyó en un 4 % a 31.022. Sin embargo, el fraude con tarjetas de crédito supera con creces el número de denuncias relacionadas con la identidad en comparación con cualquier otro tipo.

Ejemplos de robo de identidad con tarjetas de crédito

El fraude con tarjetas de crédito puede ocurrir de muchas maneras. Algunos casos son:

El estafador averigua información de una cartera robada o extraviada.

Información de tarjetas de crédito y datos personales que se exponen durante las vulneraciones de datos de empresas.

Estafadores que envían correos electrónicos y sitios web de phishing convincentes para que una persona proporcione la información de su tarjeta de crédito.

Estafadores que colocan skimmers de tarjetas en lugares públicos, como en surtidores de gasolina y cajeros automáticos independientes, que registran el número y el pin de las tarjetas de crédito.

Estafadores con un dispositivo de skimming que puede registrar la información en el chip RFID de una tarjeta de crédito si están lo suficientemente cerca.

Una oferta de crédito preautorizada que se roba de un buzón de cartas y se utiliza para solicitar tarjetas de crédito nuevas y fraudulentas.

Tipo de robo de identidad #2:

Fraude de préstamos o alquileres

El fraude de préstamos o alquileres generalmente se agrupa en seis categorías:

Préstamo hipotecario/inmobiliario

Alquiler de apartamentos o casas

Préstamo/arrendamiento de automóviles

Préstamo comercial/personal

Préstamo estudiantil federal

Préstamo estudiantil no federal

Ejemplos de robo de identidad con préstamos o alquileres

El fraude de préstamos se produce cuando la información, los hechos y las cifras se falsifican deliberadamente para obtener un préstamo o un alquiler. Puede suceder tanto en contextos personales como comerciales. Por ejemplo, el FBI define el fraude hipotecario como cualquier tipo de «declaración errónea material, tergiversación u omisión relacionada con la propiedad o la potencial hipoteca en la que confía un asegurador o prestamista para financiar, comprar o asegurar un préstamo»

Por citar un caso, en Sacramento, California, siete personas fueron condenadas por una estafa hipotecaria de 10 millones $ a principios de 2019. Para obtener hipotecas, los empleados rellenaron las solicitudes con información falsa sobre los ingresos, la profesión y los ahorros de los clientes. La compañía también usaba a veces compradores fantasma, que son un tipo de robo de identidad sintética, cuando las calificaciones crediticias de los verdaderos prestatarios eran demasiado bajas, lo que provocó una pérdida de 4 millones $ para los prestamistas.

Tipo de robo de identidad # 3:

Fraude telefónico o de servicios públicos

En 2019, todas las formas de robo de identidad relacionadas con el fraude telefónico o de servicios públicos aumentaron en comparación con el año anterior. Esto incluye las siguientes categorías:

Cuentas existentes de teléfonos fijos

Cuentas nuevas de teléfonos fijos

Cuentas existentes de teléfonos móviles

Cuentas nuevas para teléfonos móviles

Cuentas existentes para servicios públicos

Cuentas nuevas para empresas de servicios públicos

Los estafadores saben que hay una gran demanda de servicios telefónicos y de servicios públicos. Son servicios que prácticamente todo el mundo requiere. Es una presa fácil para aquellos que buscan aprovecharse de los clientes que intentan ahorrar en sus facturas.

¿Cómo se produce el fraude telefónico y de servicios públicos?

Hay dos tipos comunes de estafas telefónicas y de servicios públicos. La primera es una llamada telefónica de un representante falso de un servicio telefónico o compañía de servicios públicos. El segundo es alguien que va hasta el propio domicilio de una persona con una estafa relacionada con precios promocionales o productos.

En cuanto a la estrategia de la llamada telefónica, los estafadores tienden a llamar y exigir el pago de inmediato de una manera agresiva. Pueden decir que una persona lleva un atraso en los pagos y amenazar con bloquear el acceso al servicio en el plazo de un día si no se realiza el pago.

En la estrategia de puerta a puerta, se harán pasar por representantes de ventas legítimos de los que visitan a domicilio. Una señal de alarma es que ofrezcan tarifas mucho más bajas que lo que se paga actualmente. El objetivo es que el consumidor revele datos personales, como su número de tarjeta de crédito, información de cuenta bancaria o número de la seguridad social.

Si bien esos dos casos afectan en gran medida a los consumidores, hoy en día las empresas tienen que lidiar con su propio fraude telefónico de identidades sintéticas y DeepFace. Los delincuentes utilizaron recientemente un software basado en inteligencia artificial para hacerse pasar por la voz de un director ejecutivo y exigir una transferencia fraudulenta: el empleado de una empresa energética pensó que estaba hablando por teléfono con su jefe, quien le pidió que enviara más de 200.000 euros a un proveedor húngaro. Como resultado, los fondos se transfirieron y posteriormente se perdieron.

La identidad digital de hoy en día puede crear perfiles llamados «identidades sintéticas» con imágenes que parecen personas reales, pero son completamente falsas.

Equilibrar los mundos físico y digital, hacer que los usuarios usen un documento de identidad del mundo real, y comparar la información y las imágenes con la información de un formulario y una foto selfie que proporcione el usuario.

Supervisar su calificación crediticia recibiendo un informe crediticio para mantenerse al tanto de cualquier cuenta nueva que se haya abierto.

La verificación de identidad empresarial: clave para prevenir el robo de identidad

En 2024, los consumidores están haciendo algo más que simplemente hacer una congelación de seguridad o enviar una alerta de informe a la entidad crediticia cuando descubren que se ha producido una vulneración de su información personal. Con el aumento de los perfiles falsos en el mundo virtual, como las identidades sintéticas, o con una mayor adopción de productos de prevención de fraudes como la protección frente al robo de identidades infantiles, los consumidores exigen cada vez más a los gobiernos y empresas por igual que adopten medidas de seguridad que limiten la cantidad de identidades robadas y el daño causado a su sustento económico. ¿Una solución que las empresas están adoptando? La verificación de la identidad empresarial.

La verificación de la identidad es un factor clave para ayudar a las organizaciones a prevenir el robo de identidad de sus clientes. A medida que los consumidores son plenamente conscientes de las consecuencias de las recientes vulneraciones de datos, con los casos de fraude de identidad en aumento, las empresas están implementando la verificación de identidad en el proceso de incorporación que protege a sus usuarios de las vulneraciones de información confidencial por parte de agentes maliciosos que obtienen acceso a una plataforma, así como aumentando sus índices de garantía sabiendo que han incorporado a más personas lícitas y limitando las tasas de abandono.

¿Cómo funciona la verificación de identidad digital?

Cientos de análisis basados en inteligencia artificial y algoritmos de comparación facial trabajan conjuntamente para verificar que un usuario es realmente el propietario de un documento identificativo suministrado, para permitir la captación segura de clientes y el movimiento rápido de dinero, así como prevenir el fraude de adquisición de cuentas.

La verificación de documentos de identidad y la biometría facial trabajan mano a mano para verificar las identidades de los usuarios y ofrecer un proceso de incorporación seguro y cómodo, además de una plataforma segura en general.

El robo de identidad es uno de los delitos de más rápido crecimiento. Puede tener lugar en cualquier momento, y cualquier persona es susceptible de ser víctima, independientemente de su edad. La mejor línea de defensa es posiblemente la educación y la concienciación, así como garantizar que tanto los entes gubernamentales, instituciones públicas y las empresas en general se preocupan por la seguridad, la protección y la minimización del fraude con cualquier medio necesario.

Casos polémicos de robo de identidad a miles de usuarios.

En los últimos años, los casos de robo de identidad han evolucionado y se han diversificado, afectando a millones de personas tanto en el ámbito digital como en el mundo real. A continuación, se presenta un resumen de algunos de los casos más recientes y destacados, con un enfoque particular en los Estados Unidos y las medidas que este país está tomando para proteger a sus ciudadanos.

Caso 1: Facebook (2019)

El caso que planteo en el libro es de vital trascendencia actualmente, la víctima de este caso fue inicialmente abordada a través de una naciente red social que se ha convertido en un verdadero peligro para los usuarios incautos que desconocen el alcance que tienen las mafias criminales.

En 2019, se descubrió que los datos de más de 530 millones de usuarios de Facebook se encontraban disponibles en línea. Esta información incluía nombres completos, números de teléfono, direcciones de correo electrónico y ubicaciones. Aunque Facebook afirmó que la brecha ocurrió antes de 2018, el impacto en la privacidad de los usuarios fue significativo, resaltando la necesidad de proteger la información personal en redes sociales.

Facebook posee una cantidad impresionante de información privada que se puede utilizar para robar su identidad.

La protección contra el robo de identidad es un deber para todos los usuarios de teléfonos inteligentes, tabletas y computadores que se extiende a las redes sociales, como Facebook, Instagram, Twitter/ X, etc. Debido a la naturaleza de los sitios de redes sociales (donde se anima a la gente a compartir información personal), los usuarios automáticamente corren el riesgo de convertirse en víctimas de robos de identidad.

Los usuarios de Facebook deben ser conscientes de que los ladrones de identidad inventan constantemente nuevas estafas con el fin de robar datos personales. Y a menudo, se puede acceder públicamente a esos datos y están al alcance de la mano.

Aquí te dejo algunos consejos para la protección contra el robo de identidad y para proteger tu perfil de Facebook:

No publiques tu fecha de nacimiento, o al menos no publiques el año en que naciste. Puede parecer una táctica para la gente que quiere aferrarse a su juventud el máximo tiempo posible, pero, en realidad, tiene un uso práctico: la fecha de nacimiento, incluido el año, es una pieza clave de información para robar tu identidad.

Piénsatelo dos veces cuando desees adquirir servicios de Facebook que requieren información de tu tarjeta de crédito. Es mejor evitar poner esos datos en el sitio.

Ten límites. Evita revelar dónde se hizo una foto y detén el geoetiquetado de fotos que muestra las ubicaciones exactas. Sé precavido a la hora de publicar fotos que revelan tu dirección o muestran dónde guardas los objetos de valor en casa.

Cuanto más reveles públicamente dónde te encuentras y qué estás haciendo, sin duda, los ladrones de identidad se percatarán. Elimina fotos y publicaciones en la escala de tiempo que muestran la información personalmente identificable.

Tu nombre, foto de perfil y foto de portada son siempre "públicos" y eso no se puede cambiar. A partir de esta información pública, los ladrones pueden crear perfiles de Facebook idénticos con la intención de infectar los dispositivos de los usuarios con spyware que puede robar datos valiosos.

Utiliza un software de seguridad en Internet acreditado en tu dispositivo para descartar amenazas peligrosas y lograr una protección eficaz contra el robo de identidad. Asimismo, ten cuidado para no descargar paquetes antispyware gratuitos, ya que podría tratarse de malware camuflado.

Aunque en 2012, la Comisión Federal de Comercio (FTC, del inglés "Federal Trade Commission") alcanzó un acuerdo con Facebook para asegurarse de que el sitio tomaba algunas medidas de privacidad; fueron buenas noticias para los usuarios preocupados por la privacidad, el sistema fue vulnerado, recuerda entonces que debes ser tu propio defensor para evitar el robo de identidad.

Para más de mil millones de personas (y la cifra va en aumento), Facebook ha sido un lugar para conectar con viejos amigos, mantenerse en contacto a través de largas distancias y promover nuevas iniciativas empresariales. Si lo utilizas con sabiduría y con un poco de precaución, Facebook puede ser una gran herramienta. Si no, los malos pueden arruinar la diversión.

Caso 2: Equifax (2017)

Uno de los mayores robos de datos en la historia afectó a la agencia de crédito Equifax, comprometiendo la información personal de 147 millones de personas. Los hackers accedieron a nombres, números de Seguro Social, fechas de nacimiento, direcciones y, en algunos casos, números de licencia de conducir y tarjetas de crédito. Este incidente subrayó la importancia de la ciberseguridad en instituciones que manejan datos sensibles.

Caso 3: Banco de Chile (2018)

El Banco de Chile sufrió un ataque cibernético que resultó en el robo de 10 millones de dólares. Los atacantes utilizaron malware para comprometer los sistemas del banco y redirigir el dinero a cuentas en Hong Kong. Este caso mostró cómo los cibercriminales pueden orquestar ataques complejos y bien coordinados para robar grandes sumas de dinero de instituciones financieras.

Caso 4: SIM Swapping

El SIM swapping se ha convertido en una táctica popular entre los ladrones de identidad. Consiste en convencer a las compañías de telefonía móvil para que transfieran el número de teléfono de una víctima a una tarjeta SIM controlada por el atacante. Esto permite a los delincuentes acceder a cuentas bancarias y perfiles en redes sociales. Varios casos de alto perfil, incluyendo el del CEO de Twitter, Jack Dorsey, han demostrado la efectividad y el peligro de esta técnica.

Caso 5: Ataques a plataformas de criptomoneda

Los robos de identidad en el ámbito de las criptomonedas han aumentado, con casos destacados como el de la plataforma japonesa Coincheck, que perdió 530 millones de dólares en criptomonedas debido a un hackeo. Estos ataques no solo implican pérdidas financieras masivas, sino que también generan desconfianza en las plataformas digitales.

Robo de Identidad en Estados Unidos y Medidas de Protección

El robo de identidad es un problema grave en Estados Unidos, afectando a millones de ciudadanos cada año. En 2020, la Comisión Federal de Comercio (FTC) recibió casi 1,4 millones de reportes de robo de identidad, un aumento significativo en comparación con años anteriores. Los tipos más comunes incluyen el fraude relacionado con beneficios del gobierno, el fraude con tarjetas de crédito, y el fraude con préstamos y arrendamientos.

Medidas de Protección

Para combatir el robo de identidad, Estados Unidos ha implementado varias medidas y políticas:

Legislación:

Identity Theft and Assumption Deterrence Act (1998): Establece el robo de identidad como un delito federal y proporciona herramientas legales para procesar a los culpables.

Fair and Accurate Credit Transactions Act (2003): Permite a los consumidores obtener un informe crediticio gratuito cada año de las tres principales agencias de crédito y establecer alertas de fraude.

Gramm-Leach-Bliley Act (1999): Obliga a las instituciones financieras a explicar sus prácticas de intercambio de información y proteger la información confidencial de sus clientes.

Agencias y Programas de Protección:

Federal Trade Commission (FTC): Lidera la lucha contra el robo de identidad mediante la educación al consumidor y la recepción de denuncias de fraude. La FTC administra el sitio IdentityTheft.gov, donde las víctimas pueden reportar el robo de identidad y obtener un plan de recuperación personalizado.

Identity Theft Resource Center (ITRC): Ofrece asistencia gratuita a las víctimas de robo de identidad, proporcionando recursos y apoyo para recuperar su identidad.

Tecnología y Seguridad:

Autenticación Multifactor (MFA): La implementación de MFA se ha vuelto crucial para proteger las cuentas en línea, requiriendo que los usuarios verifiquen su identidad a través de múltiples métodos.

Encriptación y Monitoreo: Las empresas y las instituciones financieras están adoptando prácticas avanzadas de encriptación y monitoreo continuo para detectar y prevenir accesos no autorizados a datos sensibles.

Educación y Concienciación:

Las campañas de educación pública buscan informar a los ciudadanos sobre cómo proteger su información personal y reconocer las señales de robo de identidad. Las entidades gubernamentales y organizaciones sin fines de lucro trabajan para aumentar la concienciación sobre este problema.

El Peligro de las Nuevas Tecnologías y la Suplantación de Identidad con Inteligencia Artificial

Con el avance de las tecnologías, el robo de identidad ha adoptado nuevas formas, especialmente con la integración de la inteligencia artificial (IA). La IA puede ser una herramienta poderosa para los delincuentes, permitiendo la creación de identidades falsas y suplantaciones de identidad con un alto grado de precisión.

Deepface

Los DeepFace son una tecnología basada en IA que permite crear videos y audios falsos extremadamente realistas. Los delincuentes pueden usar DeepFace para suplantar la identidad de una persona, realizando fraudes o engaños que resultan difíciles de detectar.

DeepFace es un sistema de reconocimiento facial de aprendizaje profundo creado por un grupo de investigación de Facebook. Identifica rostros humanos en imágenes digitales. El programa emplea una red neuronal de nueve capas con más de 120 millones de pesos de conexión y fue entrenado con cuatro millones de imágenes subidas por usuarios de Facebook. El equipo de Facebook Research ha declarado que el método DeepFace alcanza una precisión del 97,35% $\pm$ del 0,25% en el conjunto de datos de Tagged Faces in the Wild (LFW), donde los seres humanos tienen el 97,53%. Esto significa que DeepFace a veces tiene más éxito que los seres humanos. Como resultado de la creciente preocupación social, Meta anunció que planea cerrar el sistema de reconocimiento facial de Facebook, eliminando los datos de escaneo facial de más de mil millones de usuarios. Este cambio representará uno de los mayores cambios en el uso del reconocimiento facial en la historia de la tecnología. Facebook planeaba eliminar para diciembre de 2021 más de mil millones de plantillas de reconocimiento facial, que son escaneos digitales de rasgos faciales. Sin embargo, no planeaba eliminar DeepFace, que es el software que impulsa el sistema de reconocimiento facial. La compañía tampoco ha descartado incorporar la tecnología de reconocimiento facial en futuros productos, según el portavoz de Meta.

Origen y Despliegue comercial

DeepFace fue producido por un grupo de científicos del equipo de investigación de inteligencia artificial de Facebook. El equipo incluye a Yainiv Taigman y a un científico investigador de Facebook, Ming Yang. También se les unió Lior Wolf, miembro de la facultad de la Universidad de Tel Aviv. Yaniv Taigman, llegó a Facebook cuando Facebook adquirió Face.com en 2012.

Facebook comenzó a implementar DeepFace para sus usuarios a principios de 2015, y ha expandido continuamente el uso y el software de DeepFace, según el director de investigación de inteligencia artificial de Facebook, no tiene la intención de invadir la privacidad individual. En cambio, DeepFace alerta a las personas cuando su rostro aparece en cualquier foto publicada en Facebook. Cuando reciben esta notificación, tienen la opción de eliminar su rostro de la foto.

Exactitud

Los sistemas DeepFace pueden identificar rostros con una precisión del 97%, casi la misma precisión que un humano en la misma posición. El reconocimiento facial de Facebook es más efectivo que la tecnología del FBI, que tiene una precisión del 85%. La tecnología dc Google, FaceNet, es más exitosa que DeepFace utilizando los mismos conjuntos de datos. FaceNet estableció un récord de precisión, 99,63%. FaceNet de Google incorpora datos de Google Fotos.

Aplicaciones

Facebook utiliza plantillas individuales de reconocimiento facial para encontrar las fotos en las que aparece una persona para que pueda revisar, interactuar o compartir el contenido. DeepFace protege a las personas de la suplantación de identidad o el robo de identidad. Tomemos, por ejemplo, un caso en el que una persona usó la foto de perfil de alguien como propia. A través de DeepFace, Facebook puede identificar y alertar a la persona cuya información está siendo utilizada indebidamente. Para garantizar que las personas tengan control sobre su reconocimiento facial, Facebook no comparte plantillas faciales. Además, Facebook eliminará las imágenes de las plantillas de reconocimiento facial si alguien ha eliminado su cuenta o se ha des etiquetado de una foto. Las personas tienen la opción de desactivar el reconocimiento facial en Facebook. Si la función está desactivada, Facebook dejará de reconocer el rostro de esa persona.

DeepFace se lanzó en 2015, pero su uso se ha mantenido relativamente estancado. Debido a que más personas han subido imágenes a Facebook, el algoritmo se ha vuelto más preciso. DeepFace de Facebook es el mayor conjunto de datos de reconocimiento facial que existe actualmente. Debido a esto, algunas personas argumentan que la base de datos de identificación facial de Facebook podría distribuirse a agencias gubernamentales. Estos usos, sin embargo, estarían prohibidos por la mayoría de las leyes de privacidad de datos. En respuesta a las preocupaciones sobre la privacidad, Facebook eliminó su función de reconocimiento facial automático, lo que permite a las personas optar por el etiquetado a través de DeepFace. Este cambio se implementó en 2019.

Desafío de diez años

En 2019, un desafío de Facebook se hizo viral pidiendo a los usuarios que publicaran una foto de hace 10 años y una de 2019. El desafío fue acuñado el "desafío de 10 años." Más de 5 millones de personas participaron en el desafío, incluyendo muchas celebridades. Surgió la preocupación de que el desafío de 10 años de Facebook fue diseñado para entrenar la base de datos de reconocimiento facial de Facebook. Kate O'Neill, escritora de Wired, escribió un artículo de opinión que hacía eco de esta posibilidad. Facebook negó que desempeñaran un papel en la generación del desafío. Sin embargo, las personas han argumentado que las preocupaciones que subrayan las teorías en torno al desafío de 10 años se hacen eco de las preocupaciones más amplias sobre Facebook y el derecho a la privacidad.

Reacciones a DeepFace

Industria

El investigador de IA Ben Goertzel dijo que Facebook había "resuelto de manera bastante convincente el reconocimiento facial" con el proyecto, pero dijo que sería incorrecto concluir que el aprendizaje profundo es la solución completa para la IA.

Neeraj Kumar, investigador de la Universidad de Washington, dijo que DeepFace de Facebook muestra cómo grandes conjuntos de datos externos pueden resultar en un modelo de "mayor capacidad". Debido al amplio acceso de Facebook a imágenes de individuos, su software de reconocimiento facial puede funcionar mejor que otro software con conjuntos de datos mucho más pequeños.

Medios de Comunicación

Un artículo del Huffington Post calificó la tecnología de "espeluznante", citando preocupaciones sobre la privacidad de los datos, y señaló que algunos gobiernos europeos ya habían exigido a Facebook que eliminara los datos de reconocimiento facial. Según Broadcasting & Cable, tanto Facebook como Google habían sido invitados por el Centro para la Democracia Digital a asistir a una "reunión de partes interesadas" de la Administración Nacional de Telecomunicaciones e Información en 2014 para ayudar a desarrollar una Declaración de Derechos de la Privacidad del Consumidor, pero ambos se negaron. Broadcasting & Cable también señaló que Facebook no había publicado ningún anuncio de prensa sobre DeepFace, aunque su trabajo de investigación se había publicado a principios de mes. Slate dijo que Facebook no estaba publicitando a DeepFace porque desconfía de otra ronda de titulares que denuncian lo espeluznante de DeepFace.

Usuarios

Muchas personas temen la tecnología de reconocimiento facial. "La precisión casi perfecta de la tecnología permite a las compañías de redes sociales crear perfiles digitales de millones de estadounidenses." ("DeepFace - Wikipedia") Sin embargo, el temor de un individuo al reconocimiento facial y otras preocupaciones de privacidad no se corresponde con una disminución en el uso de las redes sociales. En cambio, las actitudes hacia la privacidad y la configuración de privacidad no tienen un gran impacto en la intención de un individuo de usar las aplicaciones de Facebook. Debido a que Facebook es un sitio de redes sociales, los temores individuales sobre la privacidad se ven anulados por el deseo de participar en las redes sociales.

Problemas de privacidad de DeepFace

Demanda Bipa

Los usuarios de Facebook presentaron una demanda colectiva contra Facebook bajo la Ley de Privacidad de Información Biométrica de Illinois (BIPA). Illinois tiene la legislación de privacidad biométrica más completa, que regula la recopilación de información biométrica por entidades comerciales. La BIPA de Illinois requiere que una corporación que obtiene la información biométrica de una persona obtenga una liberación por escrito, les proporcione un aviso de que su información está siendo recolectada, y declare la duración de la información será recolectada. La demanda presentada contra DeepFace alega que la recopilación de información de identificación facial de Facebook para el propósito de la herramienta de sugerencia de etiquetas viola BIPA. Debido a que Facebook no da aviso o consentimiento a las personas cuando utilizan esta herramienta, los usuarios de Facebook argumentan que viola BIPA. El Noveno Circuito negó la moción de Facebook para desestimar el caso y finalmente certificó el caso. Facebook intentó apelar a la certificación de la decisión del Noveno Circuito que finalmente fue concedida. Facebook afirma que el caso no debería haber sido verificado porque los demandantes no han alegado ningún daño más allá de la violación de Facebook de BIPA. Facebook eliminó su función de etiquetado de reconocimiento facial automático en 2019, en respuesta a las preocupaciones planteadas en la demanda. Facebook propuso un acuerdo de $550 millones para el caso, que fue rechazado. Cuando Facebook aumentó el acuerdo a $650 millones, el tribunal lo aceptó. A principios de marzo de 2021 se ordenó a Facebook que pagara su acuerdo de 650 millones de dólares. 1,6 millones de residentes de Illinois recibirán al menos 345 dólares.

En julio de 2020, Facebook anunció que está construyendo equipos que investigarán el racismo en sus algoritmos. Los equipos de Facebook trabajarán con el equipo de IA responsable de Facebook para estudiar el sesgo en sus sistemas. La implementación de estos programas es reciente, y aún no está claro qué reformas se harán.

El racismo en la tecnología de identificación facial

Los algoritmos de reconocimiento facial no son universalmente exitosos. Mientras que los algoritmos son capaces de clasificar rostros con más del 90% de precisión en algunos casos, la precisión es menor cuando los algoritmos se envían a mujeres, individuos negros y jóvenes. Los sistemas identifican falsamente caras negras y asiáticas de 10 a 100 veces más que las caras blancas. Debido a que los algoritmos se entrenan principalmente con hombres blancos, los sistemas como DeepFace tienen más dificultades para identificarlos. Se proyecta que una vez que las bases de datos de reconocimiento facial sean entrenadas para identificar a las personas de color - exponiéndolas a caras más diversas - tendrán más éxito en la identificación.

Chatbots y fraude automatizado

Los chatbots con IA pueden programarse para realizar ataques de phishing a gran escala, interactuando con las víctimas en tiempo real para extraer información personal y financiera. Estos bots pueden imitar de forma convincente a los representantes de empresas o instituciones, haciendo que las víctimas confíen en ellos y proporcionen datos confidenciales.

Voice Theft o Clonación de Voz

La tecnología de clonación de voz utiliza la IA para replicar la voz de una persona a partir de muestras de audio. Los delincuentes pueden utilizar estos espejos para realizar llamadas fraudulentas, engañar a familiares, amigos o instituciones para obtener información personal o realizar transacciones financieras.

Medidas de protección contra la suplantación de la IA que deben implementarse.

Para combatir estas nuevas amenazas, son cruciales medidas específicas:

Tecnologías de Detección:

Software Anti-deepfake: Herramientas avanzadas que detectan manipulaciones en vídeos y audios, alertando a los usuarios sobre posibles fraudes.

Sistemas de verificación biométrica: Utilice múltiples factores biométricos, como el reconocimiento facial, de voz y de comportamiento, para autenticar las identidades de los usuarios.

Reglamentos y Regulaciones:

Leyes de Uso Malicioso de IA: Implementar legislación que penalice el uso de tecnologías de IA para cometer fraude y phishing.

Normas de seguridad de la IA: Establecer normas y directrices para el desarrollo y el uso seguro de las tecnologías de la IA.

Educación y Sensibilización

Campañas de información: Informar al público sobre los riesgos asociados con las nuevas tecnologías y cómo identificar posibles fraudes.

Capacitación en ciberseguridad: Capacitar a empleados y usuarios sobre las mejores prácticas para protegerse contra el phishing y el uso malicioso de la IA.

Estos esfuerzos combinados buscan reducir la incidencia del robo de identidad y mitigar sus efectos, protegiendo a los ciudadanos y fortaleciendo la seguridad de la información personal en los Estados Unidos y porque no en el mundo.

En conclusión, todo este material que entrego gracias a mi equipo de investigación y asesores es con la finalidad de alertar a miles de personas que pueden ser víctimas del robo de su identidad, como el joven que personifica mi historia. Debemos protegernos personalmente no hay otra alternativa.

Deseo que este material haya sido de ayuda y útil y que lo compartas que tus seres queridos, quienes te lo van a agradecer.

"Yo cambiaría, si pudiera, toda mi tecnología por una tarde con Sócrates."

Steve Jobs

ACERCA DEL AUTOR

Ángel Martínez

Un investigador, escritor y conferencista apasionado.

Ángel Martínez es un investigador privado internacional con una amplia experiencia, comunicador y conferencista reconocido, quien además ha dedicado los últimos años a la formación de nuevas generaciones de investigadores y a plasmar sus vivencias en cautivadoras historias.

Ángel Martínez, nació en Santiago, República Dominicana es el menor de dos hijos de padres cristianos. Sus primeros pasos dentro del espionaje los dio siendo un niño cuando tropas americanas, el 24 de Abril del 1965, invadieron su país.

Después de sus estudios primarios ingreso al seminario para estudiar sacerdocio, la mayor parte de su juventud la dedico a evangelizar y educar jóvenes en contra del consumo de drogas, es corresponsal extranjero para algunos periódicos y canales de televisión. Actualmente cuenta con más de un millón de seguidores en las redes sociales y es un invitado habitual en los medios de comunicación social tanto en República Dominicana como en Honduras y Estados Unidos.

Buscando el sueño americano emigró a Estados Unidos, primero trabajó para una firma de abogados, esto último lo acercó a las agencias Federales, para las que trabajó bajo supervisión de excelentes agentes americanos.

Se desempeñó en el FBI, Inmigración, Servicio Secreto, DEA, Aduana, Policía de New York y otras instituciones de inteligencia.

Ha testificado en cortes Federales y Estatales a favor de los Estados Unidos en contra de organizaciones relacionadas con el tráfico de drogas. En el desempeño de sus labores ha viajado alrededor del mundo en operaciones encubiertas.

Sus innumerables investigaciones contra el narcotráfico lo han calificado como un experto en el tema de esta peligrosa mafia de muerte.

Ha dictado conferencias sobre el narcotráfico en las principales universidades de Latinoamérica, así como en diversas ferias del Libro, colegios, cárceles, clubes e instituciones privadas. Hoy en día los principales periódicos de Latinoamérica y Estados Unidos han hecho eco de sus declaraciones en grandes titulares de primera página.

Los beneficios que les generan sus libros y conferencias son parte de las donaciones que ofrece a instituciones que luchan por sacar de esta enfermedad y dar mejor vida a los consumidores de drogas.

Ha sido secuestrado en tres ocasiones, saliendo victorioso gracias al trabajo de rescate espectacular de la Fuerza Delta de Contrainteligencia.

Sus mejores años lo ha dedicado a combatir el narcotráfico demostrando que la solución al problema está en el consumo y no en el traficante de drogas.

Sus obras, aclamadas por sus seguidores, abordan temas cruciales y actuales como el tráfico de drogas, el crimen organizado y el robo de identidad, conectando con una audiencia ávida de historias reales y con un mensaje poderoso.

Obras de referencia:

Tras años de experiencia e investigación, Ángel Martínez ha compilado su conocimiento en el **"Manual del Detective Internacional"**, una obra que se ha convertido en referencia para profesionales de la investigación privada. Esta guía práctica, repleta de teoría y casos reales, es indispensable para cualquier investigador que aspire a la excelencia.

Un grito contra la injusticia: **"La Cocaína al desnudo"**, su obra más impactante, es una denuncia contundente del tráfico y consumo de cocaína en los Estados Unidos, y la lucha de los pueblos indígenas productores y consumidores de la hoja de coca. Un relato que no deja indiferente y que busca crear conciencia sobre este flagelo que afecta a miles.

Historias reales que atrapan:

Todas las novelas de Ángel Martínez llevan el sello del dramatismo que solo la realidad puede ofrecer. Su estilo narrativo ágil y cautivador hace que sus historias sean de fácil lectura, atrapando al lector desde la primera página.

Un compromiso con la sociedad:

Su objetivo principal es concienciar a la población mundial sobre el uso indebido de drogas y el tráfico ilícito, dos graves problemas que azotan a la sociedad, especialmente a los jóvenes.

Un tema de gran actualidad:

En su tercera edición, **"¿Quién se ha robado mi identidad?"** ofrece, en el contexto de una historia real, un análisis profundo de cómo todos estamos expuestos al robo de identidad por parte de las mafias criminales. Un tema más que vigente en la era digital, donde la información personal está en constante riesgo.

Expandiendo su alcance:

En esta nueva etapa del 2024, las principales obras de Ángel Martínez, "La cocaína al desnudo", "Quién se robó mi identidad" y "La Mujer del Sicario", serán traducidas al inglés, llevando su mensaje a un público aún más amplio y consolidando su posición como un autor de talla internacional.

Ángel Martínez: Un investigador, escritor y conferencista que no solo narra historias, sino que las vive. Un profesional comprometido con la verdad y la justicia, que utiliza su pluma como herramienta para luchar contra los flagelos que aquejan a la sociedad.

Todas las obras de Ángel Martínez las encuentras en:
www.angelmartinezescritor.com

RECURSOS UTILIZADOS

Robo de identidad: Wikipedia:
https://es.wikipedia.org/wiki/Robo_de_identidad

Comisión Federal de Gobierno, USA:

https://www.robodeidentidad.gov/

Mcafee: ¿Qué es el robo de identidad y cómo recuperarse de él?

https://www.mcafee.com/learn/es-mx/que-es-el-robo-de-identidad-y-como-recuperarse-de-el/

Comisión Federal de Gobierno, USA, ¿Cómo evitar el robo de identidad?

https://consumidor.gov/estafas-y-el-robo-de-identidad/evitar-el-robo-de-identidad

ÍNDICE

Ángel Martínez